John
LOUGAN

LE JEU
DE LA SÉDUCTION

COMMENT DEVENIR UN 'CASANOVA' MODERNE ET
AMENER DE BELLES FEMMES AU LIT

John

LOUGAN

LE JEU

DE LA SÉDUCTION

COMMENT DEVENIR UN 'CASANOVA' MODERNE ET
AMENER DE BELLES FEMMES AU LIT

2023

Couverture, mise en page et révision :
Équipe éditoriale
ISBN : 9798883327208
Contact :
contato.johnlougan@gmail.com

Données internationales de catalogage en publication

L887j.

Lougan, John.
Le jeu de la séduction : comment devenir un "Casanova" moderne et amener de belles femmes au lit / John Lougan. Lisbonne, Portugal : Éd. de l'auteur, 2023.
271 p. ; 14x21 cm ; ill.

1. Séduction. 2. Relation homme-femme. 3. Dynamiques sociales. 4. Développement personnel. 5. Psychologie comportementale. I. Titre.

CDD: 306.7

Publié au Portugal

BIENVENUE DANS LE JEU !

"Si vous voulez être aimé, vous devez être digne de cet amour".

(Giacomo Casanova)

Ceci est un livre pour les hommes qui souhaitent séduire des femmes éblouissantes. Ici, vous trouverez des idées précieuses, des stratégies testées sur le terrain et des conseils pratiques pour changer vos croyances et améliorer vos compétences en séduction.

John Lougan, expert en séduction, partage dans ce livre son expertise et ses expériences dans le monde de la conquête. Il offre un guide complet, regorgeant de concepts et de techniques efficaces pour attirer, engager et conquérir les femmes de manière authentique et respectueuse.

Tout au long de ces pages, vous découvrirez comment améliorer votre confiance, développer des compétences en communication persuasive et créer des connexions significatives. Lougan aborde différents contextes d'interaction, des rencontres occasionnelles aux relations plus durables, fournissant des conseils utiles pour diverses situations.

N'oubliez pas, cependant, que la séduction est une voie à double sens, basée sur le consentement et le respect mutuel. Ce livre n'a pas l'intention de promouvoir des comportements manipulateurs ou préjudiciables. Son objectif est de permettre aux lecteurs de devenir des hommes plus confiants et compétents dans l'art de l'interaction sociale, en mettant l'accent sur le consentement, le bien-être des femmes impliquées et le respect de la législation du pays.

Alors, plongez dans ces pages avec un esprit ouvert, apprenez des expériences partagées et adaptez les techniques à votre propre personnalité et à vos valeurs. Soyez conscient que, en entrant dans ce jeu, la responsabilité vous incombe d'utiliser ces compétences avec sagesse et intégrité.

Prêt à perfectionner vos compétences de séduction et à découvrir les secrets du jeu ? Alors, embarquez dans ce voyage avec John Lougan et profitez des possibilités passionnantes que le livre "Le jeu de la séduction" a à offrir.

Bonne lecture et beaucoup de succès avec les femmes !

Éditorial

DÉDICACE

Je dédie ce livre à Jackson M. (Jack Player) pour être mon premier partenaire dans le jeu, pour notre amitié de longue date et toute sa contribution à ce voyage. Je dédie cette œuvre à Renato B., mon grand ami, pour les innombrables femmes que nous avons séduites ensemble et pour les moments très amusants que nous avons déjà partagés. Je suis reconnaissant à João Abrantes (Chameleon) d'avoir écrit la préface de ce livre et pour notre belle et amusante amitié. Je dédie cette œuvre à ma mère et à mon père pour avoir cru en moi, pour tout leur soutien et leur amour - je vous aime !

Je dédie ce livre à Erik Von Markovik, Neil Strauss, Cris Odom, Owen Cook (Tyler Durden), Julien Blanc, Michal Pospieszalski, Alan Roger Currie *(in memorian)*, Arash Dibazar, Adam Lyons, Alexander, Alex Coulson, Asian Playboy, Badboy, Beckster, Bobby Rio, Brad Branson, Brad P., Braddock, Brent Smith, Derek Cajun, Carlos Xuma, Chris Orleans, David DeAngelo, David X *(in memorian)*, David M., David Shade, David Wygant, Dharam, Discovery, Dj Fuji, Doc Holliday, Steve Mayeda, Richard La Ruina, Gareth Jones, Herbal, Hypnotica, James Marshall, James Matador, JDog, Jeremy Soul, Jeffy Allen, Johnny Soporno, Johnny Wolf, Jonathan Sankey, Jordan Harbinger,

Juggler, Julian Fox, Keychain, Kezia Noble, Lance Allen, Loverboy, Manwhore, Mateus Hussey, Max, Timothy Marc (Tim), Nick Savoy, Ozzie, Papa, Paul Janka, Ross Jeffries, Ryan Jaunzemis, Sasha PUA, Pietro G. (Seven), Sinn, Speer, Stephen Nash, Steve Dean Williams, Steve Piccus (Steve P.), Swinggcat, Thundercat, Toecutter, TokyoPUA, Troy Dizon, Twentysix, Vince Kelvin, Vin Dicarlo, Vince Lynch, Zan Perrion, Chris Anderson (60 Years of Challenge), Louise L. Hay, Maxwell Maltz *(in memorian)*, Allan et Barbara Pease, Ron Louis et David Copeland, Robert Greene, Anthony Robbins, Richard Bandler et John Grinder, Daniel Goleman, Brian Roet, Nathaniel Branden et David Bonham-Carter.

Je dédie cette œuvre à Eduardo Playtool *(in memorian)*, Eduardo Santorini, Daniel Madeira, Bruno Giglio, Fernando Fênix, Guilherme Malaquias (Doc), Felipe Marx, Irmãos Sabetta, Gambit, Marcelo Seven, Riker T., Jahpz, Hamunaptra, Instigante, Magaiver, Haley Venusians, Vlorenz, Don Conejo, João Paulo, Rotch, Black Snake, JP et Felipe Di Fiori.

Je dédie également ce livre à mes élèves et à tous ceux qui ont contribué, directement ou indirectement, à mon évolution au cours de ces quinze dernières années et à la construction de tout le savoir présent dans cette œuvre. Je dédie aussi ce livre à toutes les centaines de femmes avec qui j'ai parlé et eu des relations : vous êtes vraiment spéciales !

PRÉFACE

Je confesse que je me sens honoré d'écrire la préface d'un livre dont je suis absolument certain qu'il contribuera grandement à la séduction masculine dans le monde. J'ai rencontré John Lougan en octobre 2011. À cette époque, Lougan était connu pour être l'un des rares Brésiliens à avoir maîtrisé avec brio la méthode Mystery - la méthode de séduction la plus connue au monde. Alors que des milliers d'étudiants en "Pickup" suivaient difficilement la stratégie de Mystery, Lougan le faisait de manière à ce que cela semble être quelque chose d'inné en lui.

Cependant, il voulait aller bien au-delà de cela... Lors de notre premier contact téléphonique, qui a précédé la rencontre physique, j'ai été surpris par la simplicité de Lougan. J'ai senti qu'une belle amitié pouvait naître de là - et je ne me suis pas trompé : nous sommes devenus de grands amis. L'engagement de Lougan envers son évolution dans le jeu était remarquable. Que ce soit en journée ou en soirée, Lougan n'hésitait pas à aborder, pas une seconde. Compromises ou non, en famille ou seules, les femmes étaient enchantées par son approche amicale, confortable et bien sûr, séductrice. Nous avons joué, nous sommes beaucoup amusés et j'ai ressenti une grande empathie envers lui.

Après notre rencontre, Lougan a continué à jouer frénétiquement. Ses récits sont devenus réguliers dans la communauté de séduction et décrivaient en détail le processus de conquête, visant à aider ses collègues et admirateurs. Et oui, Lougan avait dépassé la méthode Mystery et atteint un jeu naturel, agissant aussi bien de manière directe qu'indirecte. La vitesse de ses résultats a également augmenté de manière impressionnante, parfois obtenant un baiser en moins d'une minute et fréquemment emmenant de belles femmes au lit le jour même de leur rencontre.

Ce que vous avez entre les mains sont sans aucun doute les secrets d'un maître de la séduction brésilien, qui a eu la gentillesse de les compiler dans un livre rare et sans précédent. Utilisez-les judicieusement et pour le bien. La communauté internationale de séduction sera éternellement reconnaissante envers cet homme exceptionnel, qui, tout comme moi et d'autres joueurs, a laissé un héritage et est entré dans l'histoire du Pickup. Bienvenue dans l'élite, Lougan... Improvise, adapte-toi et surmonte ! Gros câlin de ton ami,

Chameleon

À PROPOS DE L'AUTEUR

John Lougan (nom d'artiste) est brésilien, coach et auteur de livres sur la séduction, la psychologie et la dynamique sociale. Avec une passion ardente pour aider les hommes à affiner leurs compétences de conquête, il est entré dans le monde de la séduction en 2009 et n'a jamais cessé d'étudier l'esprit féminin et la dynamique sociale.

Avec plus de quinze ans de pratique incessante, Lougan s'est plongé profondément dans les secrets du JEU, pratiquant et étudiant méticuleusement une large gamme de méthodes de séduction telles que le Speed Seduction de Ross Jeffries, le Mode One d'Alan Roger Currie et le Mystery Method de l'acclamé Erik Von Markovik. De plus, il a mené des recherches approfondies et ininterrompues en psychologie, programmation neurolinguistique (PNL) et dynamique sociale auprès d'auteurs éminents et distingués tels que Louise L. Hay, Maxwell Maltz, David Deangelo, Allan et Barbara Pease, Ron Louis et David Copeland, Robert Greene, Anthony Robbins, Richard Bandler et John Grinder, Daniel Goleman, Brian Roet, Nathaniel Branden, David Bonham-Carter, Neil Strauss, Michal Pospieszalski, Owen

Cook, Julien Blanc, Alexander, Jeff Allen et Max (Real Social Dynamics), Wayne Elise, Danijel Nesek, Arash Dibazar, Alex Coulson et Richard La Ruina, entre autres avec une reconnaissance internationale.

Avec plus d'une décennie d'expérience et de pratique dans le domaine de la séduction, Lougan est largement reconnu comme une référence au Brésil sur le sujet et enseigne la pratique d'un jeu authentique et naturel. Ses livres, traduits dans plusieurs langues, sont de véritables guides de transformation qui aident les hommes à atteindre un nouveau niveau dans leur vie et leurs relations avec les femmes à travers le monde.

Préparez-vous à explorer ce monde troublant et fascinant de la séduction, des compétences sociales, de la confiance inébranlable et des connexions authentiques avec les femmes. Découvrez la puissance du "jeu" et transformez votre vie avec les œuvres fascinantes, holistiques et révolutionnaires de John Lougan.

Éditorial

TABLE DES MATIÈRES

Introduction, 15

Comment tout a commencé, 27

Prendre soin du jardin pour attirer les papillons, 43

Jeu interne, 51

Le Mâle Alpha, 67

Apparence, 83

Language corporelle, voix et expression faciale, 93

LE JEU, 101

Le jeu nocturne, 135

Le jeu diurne, 155

Le jeu par téléphone, 187

Activation des boutons d'attirance dans vos conversations, 189

Comment être toujours prêt pour le jeu, 215

Comment amener les femmes au lit, 225

Cercle social, 241

Relations à long terme, 249

Glossaire, 257

"Il suffit d'avoir du courage et de la force,
sans confiance en soi, c'est inutile."

(Giacomo Casanova)

INTRODUCTION

"Cela ne concerne pas seulement séduire des femmes...
mais construire une vie" (Erik Von Markovik).

Bienvenue dans le jeu ! Je suis John Lougan et ce que vous êtes sur le point de découvrir dans les pages de ce livre peut changer le cours de votre vie amoureuse avec les femmes. Préparez-vous à entrer dans un sous-monde de séduction qui est resté caché à vos yeux, mais qui sera désormais révélé dans toute sa plénitude. Sachez que ce n'est pas un livre conventionnel sur les relations ; il s'agit du jeu de la séduction, et à travers lui, je dévoilerai le chemin complet pour transformer votre vie personnelle et votre succès avec les femmes.

Préparez-vous à être enveloppé par le jeu, à ressentir une attraction irrésistible pour lui. Les leçons que vous apprendrez dans ces pages entraîneront des changements radicaux dans votre vie, au point que, en regardant en arrière, vous aurez du mal à croire en la magnitude de cette transformation.

L'histoire qui suit est réelle, elle s'est vraiment produite. Pour vous guider dans l'univers de la séduction, je partagerai d'abord un peu sur moi et expliquerai ce qu'est et comment est né le Pickup, l'objectif principal de ce livre.

Malgré le nom artistique américanisé, je suis brésilien. Je suis le fils d'un militaire et de parents séparés. J'ai été élevé par mon père depuis l'âge de deux ans. La séparation de mes parents a eu un impact sur ma vie, mais ce n'est qu'à l'âge adulte que j'ai réalisé le véritable manque que je ressentais en n'ayant pas une famille unie. Nous sommes quatre frères, répartis entre les deux familles résultant de cette séparation. Comme tant d'autres qui ont vécu cela, j'ai appris à m'adapter et à surmonter la situation.

Pendant toute mon adolescence et jusqu'à l'âge de 24 ans, j'ai vécu immergé dans la religion, suivant les traces de mon père et trouvant ma boussole dans la "foi". Pendant cette période, j'ai consacré plus d'une décennie à une église évangélique, dont la doctrine prônait l'isolement des fidèles par rapport au monde "païen". Cette mentalité m'a éloigné des études et de la société laïque, entraînant une stagnation dans plusieurs domaines de ma vie au fil de ces années.

Il a fallu plusieurs années pour que je finisse par ouvrir les yeux et me libérer de la mentalité religieuse qui me retenait prisonnier. En prenant la décision de rompre avec les dogmes, j'ai entrepris un voyage à la recherche d'une vie plus équilibrée et intégrée à la société. Aujourd'hui, je me considère agnostique, trouvant ma paix de cette manière et à la recherche de réponses personnelles.

Malgré toutes les chaînes qui me tiraient dans la direction opposée, j'ai décidé de tracer ma propre voie. J'ai repris les études, suivi une classe préparatoire, obtenu un diplôme dans une université publique et je suis actuellement fonctionnaire, écrivain, et je jouis d'une indépendance financière.

Ce parcours de transformation a été stimulant, exigeant le courage de confronter d'anciennes croyances et de rompre avec un monde familier, traditionnel et "confortable". Cependant, les fruits récoltés tout au long du chemin ont justifié chaque pas franchi. Aujourd'hui, je me sens libre d'explorer de nouvelles idées, d'élargir mes horizons intellectuels et de vivre une vie plus pleine et authentique.

Peu importe le bagage que nous apportons du passé, il est toujours possible de se réinventer et de chercher une existence qui nous comble vraiment. La liberté de pensée et la recherche de notre propre voie sont des éléments essentiels dans ce voyage d'autodécouverte.

Bien que je ne me considère pas extrêmement beau, je ne me trouve pas du tout laid. Certaines femmes affirment que je suis attirant, mais croyez-moi, ce n'est pas l'aspect le plus important, comme vous le découvrirez bientôt. La beauté est quelque chose de commun et bientôt, vous réaliserez qu'il n'est pas nécessaire d'avoir une beauté éblouissante pour séduire les femmes.

Mon apparence est ordinaire, je n'ai rien d'exceptionnel. Je suis grand, j'ai la peau claire, des cheveux noirs avec des tempes, un nez long et fin - des traits qui trahissent mes origines italiennes. Certains amis affirment avec véhémence que je ressemble au personnage "Wolverine" des bandes dessinées et des films de la série "X-Men" de la célèbre entreprise Marvel Comics. C'est l'origine derrière le pseudonyme, dans lequel j'ai ajouté simplement un "u" au nom "Logan" et inclus le prénom "John". J'ai fait cela dans le but de maintenir ma vie personnelle séparée du jeu.

Mon voyage dans la séduction a commencé par hasard. C'était la première décennie de ce siècle et tout a commencé après la fin tragique d'une relation qui a duré trois ans et demi. J'ai décidé de faire une recherche sur Internet avec une simple question : "comment séduire de belles femmes". Cette recherche n'était pas motivée par une difficulté excessive à traiter avec les femmes - depuis jeune, je n'avais pas de grands défis dans ce domaine -, mais plutôt par le désir d'élever mon niveau, c'est-à-dire de séduire des femmes éblouissantes ! Peut-être par vanité ou peut-être parce que je me sentais vraiment attiré par certaines qualités et types de femmes - jusqu'à aujourd'hui, j'apprécie les vagins rasés, tant qu'ils sont dans un corps et un visage beaux.

Le premier résultat que "Google" m'a renvoyé était le site d'un homme qui, étonnamment, est devenu mon collègue et instructeur en séduction. Après avoir plongé dans ses articles sur le sujet à l'époque, j'ai poursuivi mes recherches dans l'immensité d'Internet et j'ai fini par découvrir un forum dédié à l'art de la séduction. Ne soyez pas surpris, cher lecteur averti, car ces repaires secrets sont nombreux à travers le monde ! Ce forum existait depuis un certain temps, mais c'était un trésor inconnu pour la plupart des hommes, car, même s'il était d'accès public, son nom ne résonnait pas aux oreilles du commun des mortels. J'ai décidé de m'inscrire et, pris par une curiosité insatiable, je me suis plongé tête baissée dans ce sous-monde de la conquête.

Par un caprice du destin, j'ai fini par rencontrer un gars à travers ce forum qui est aujourd'hui l'un de mes amis les plus fidèles. Il était connu à l'époque sous le nom de "Jack Player", et son jeu était rien de moins qu'impressionnant - doté de compétences sociales exceptionnelles, il séduisait facilement grâce à sa voix ferme et captivante, alliée à un sens de l'humour enviable.

On aurait dit que nous nous connaissions depuis des années, et nos objectifs, aussi bien au sein de cette communauté de séduction que dans la vie en général, étaient étrangement convergents. Avec la chance de notre côté, car nous vivions à proximité, nous avons commencé à nous rencontrer régulièrement pour pratiquer le jeu, tester et valider tout ce que nous apprenions. Nous explorions les boîtes de nuit, les centres commerciaux, les bars et les places - aussi bien à la lumière du jour qu'à l'ombre de la nuit. Cette dynamique a perduré pendant de nombreuses années, et ensemble, nous avons absorbé des connaissances précieuses sur la pratique du jeu. Notre amitié reste solide jusqu'à ce jour !

J'ai poursuivi mon voyage et de manière incroyable, à travers cette communauté secrète, j'ai été présenté à un chemin que je n'aurais jamais pu imaginer, et je suis sûr qu'après avoir terminé la lecture de ce livre, vous, cher lecteur, partagerez également cette même sensation écrasante.

J'ai étudié diverses méthodes, telles que la Speed Seduction de Ross Jeffries, le Mode One d'Alan Roger Currie et le Mystery Method d'Erik Von Markovik. De plus, j'ai effectué des recherches approfondies sur la psychologie, la programmation neurolinguistique (PNL) et les dynamiques sociales d'auteurs notables tels que Louise L. Hay, Maxwell Maltz, David Deangelo, Allan et Barbara Pease, Neil Strauss, Ron Louis et David Copeland, Robert Greene, Anthony Robbins, Richard Bandler et John Grinder, Swinggcat, Mehow,

Juggler, Badboy, Cris Odom, Mauro Rinaldi, Daniel Goleman, Brian Roet, Nathaniel Branden et David Bonham-Carter.

Les séductions qui ont suivi ont été le résultat naturel de tout le processus que j'ai parcouru et assimilé. Je me suis lancé sur le terrain, séduisant des femmes dans une variété de lieux, des boîtes de nuit, des centres commerciaux et des bars aux bus, aux rues, aux places, aux concerts en plein air et aux carnavals. Il était essentiel de tester si tout ce que j'avais appris fonctionnait vraiment et, avec le temps, j'ai réalisé que c'était vraiment possible, une expérience tout simplement extraordinaire.

J'ai embrassé et couché avec des femmes éblouissantes, celles que je n'aurais jamais rêvé d'embrasser auparavant, et j'ai eu des rendez-vous avec des femmes célibataires et engagées. J'ai exploré tous les aspects que la séduction avait à offrir. Ma vie s'est transformée en un tourbillon de rencontres passionnantes avec trois ou quatre femmes différentes par semaine, presque une par jour. À de nombreuses reprises, j'ai couché avec des femmes le même soir où je les ai rencontrées. Depuis que j'ai plongé dans l'univers du Pickup, je n'ai jamais connu une vie sexuelle aussi intense.

À mesure que le temps passait, j'ai commencé à partager mes aventures avec la communauté, gagnant progressivement en notoriété. À mesure que mes récits se répandaient, ma crédibilité augmentait, et des hommes de partout m'envoyaient des e-mails et m'appelaient, souhaitant être mes partenaires dans le jeu. Les années ont passé, ma popularité a tellement augmenté que j'ai commencé à être mentionné dans d'autres livres sur le sujet. Et, comme on pouvait s'y attendre, les gens ont commencé à me reconnaître dans différentes parties du Brésil. Cela me procure un immense plaisir, car je sais qu'à travers mes contributions, de nombreux hommes trouvent un bonheur et un épanouissement personnels accrus avec les femmes.

Après un long parcours dans la communauté, où j'ai gagné en reconnaissance et prouvé mes compétences dans le jeu, j'ai commencé à offrir des consultations en séduction. Des hommes de diverses villes du Brésil me recherchaient pour obtenir de l'aide avec les femmes, le développement personnel et social grâce à mon travail. Et cela continue jusqu'à aujourd'hui. Après quelques années, j'ai décidé d'interrompre le partage de récits de terrain dans la communauté et ai cessé de publier de nombreux récits de jeux avec des femmes éblouissantes, y compris des expériences de ménage à trois et des expériences dans le monde du Swing.

En conséquence de cette trajectoire, j'ai décidé d'écrire ce livre. Préparez-vous, car si vous vous le permettez, votre vie en ce qui concerne les femmes sera transformée, et vous atteindrez des résultats inimaginables. J'ai écrit ce livre dans le but d'inspirer les hommes à changer leurs croyances et à conquérir n'importe quelle femme qu'ils désirent. Je vais montrer que c'est possible.

Les connaissances que vous trouverez dans les pages suivantes sont aussi précieuses que l'or. J'ai écrit la première édition de ce livre à l'âge de trente ans. Il a été le fruit de nombreuses études, de dévouement, de temps et de pratique. Par conséquent, si vous voulez séduire des femmes éblouissantes, absorbez chaque mot de ce livre.

Tout au long de ce livre, je travaillerai avec vous sur l'importance du changement de croyances, je partagerai des techniques avancées, des stratégies d'approche et les secrets du jeu qui propulseront votre succès avec les femmes. Cependant, souvenez-vous que le jeu n'est pas une formule magique. Il nécessite de la pratique, de la persévérance et la volonté de relever des défis.

Préparez-vous à sortir de votre zone de confort et à défier vos croyances limitantes. Le jeu est un terrain fertile pour la croissance personnelle et l'expansion de vos compétences sociales. Soyez prêt à prendre des risques, à commettre des erreurs et à apprendre d'elles. Chaque interaction est une opportunité d'apprentissage et d'amélioration.

À mesure que vous progressez dans le jeu, vous rencontrerez des obstacles et des rejets de certaines femmes. Mais ne laissez pas cela vous décourager. La confiance que vous développerez tout au long du processus sera la base de votre succès.

Soyez prêt à relever des défis émotionnels et à travailler sur votre croissance intérieure. Le parcours du jeu va au-delà des techniques externes ; il implique une transformation interne. Soyez ouvert à explorer vos vulnérabilités, à affronter vos peurs et à devenir un homme plus authentique, confiant et attirant pour les femmes !

COMMENT TOUT A COMMENCÉ...

Cher lecteur, je vais vous révéler comment tout a commencé. En réalité, tout a commencé aux États-Unis, il y a quelques années. Dans les années 1970, un homme nommé Eric Weber, tourmenté par son manque de succès dans l'univers féminin, décida de se consacrer à l'étude approfondie du comportement des femmes et à l'amélioration de ses compétences sociales. Après des années d'immersion dans cette connaissance et de pratique intensive, remportant un succès écrasant auprès des dames, il publia un livre qui deviendrait un jalon historique dans l'art de la séduction : "How to Pickup Girls" - un véritable tournant, responsable de l'inauguration d'un nouveau mouvement d'étude et de compréhension de la sexualité féminine.

L'œuvre d'Eric Weber abordait la difficulté que les hommes rencontraient en essayant de conquérir des femmes dans les villes américaines de cette époque. Le livre de Weber fut un véritable succès, vendant plus de trois millions d'exemplaires et aidant de nombreux hommes en difficulté dans leurs relations à voir leur vie sociale sous un nouveau jour. De plus, il servit d'inspiration pour les futurs mouvements de séduction que j'aborderai plus loin dans ce livre.

La répercussion de l'œuvre fut telle qu'elle fut adaptée en un téléfilm produit par la chaîne américaine ABC, regardé par plus de 25 millions de personnes à l'époque.

Dans les années 1990, d'autres initiatives axées sur l'étude de la conquête commencèrent à émerger, Ross Jeffries étant le pionnier dans la création de la première école de séduction aux États-Unis. Auteur de l'œuvre "Speed Seduction" - une méthode de séduction rapide utilisant des schémas de PNL et d'hypnose pour captiver les femmes.

Cependant, c'est par le biais d'une publication ultérieure que tout changea définitivement... En 2005, un journaliste et écrivain américain du nom de Neil Strauss publia un livre qui transformerait l'histoire des relations entre hommes et femmes dans le monde entier : "The Game: Penetrating the Secret Society of Pickup Artists". Cette œuvre incroyable est une autobiographie détaillée racontant l'histoire de vie impressionnante de Neil Strauss - un homme timide, "moche" et avec une faible estime de soi, un échec social malgré son succès professionnel en tant que journaliste et écrivain.

Après une transformation personnelle complète, il devint l'un des plus grands séducteurs de la planète ! Le livre fut traduit dans de nombreuses langues à travers le monde et influença et changea la vie de milliers d'hommes. En d'autres termes, l'œuvre de Strauss fut le point de départ de la diffusion et de la divulgation de la communauté de séduction dans le monde entier.

C'est par le biais de ce livre que le monde eut l'opportunité de connaître "Mystery", le pseudonyme d'Erik Von Markovik. Il devint l'auteur de "The Mystery Method: how to get beautiful women into bed", l'un des livres les plus détaillés sur l'art de la conquête. Aujourd'hui, il est largement reconnu comme l'un des fondateurs du mouvement "Pickup" (également connu simplement sous le nom de PUA, une abréviation de Pickup Artist).

Le terme PUA est apparu aux États-Unis et est utilisé dans la communauté de séduction pour décrire des hommes qui possèdent ou s'efforcent d'avoir des compétences pour rencontrer, attirer et séduire des femmes. PUA peut signifier "artiste de la séduction", "artiste vénusien" ou simplement "joueur".

Analogiquement aux arts martiaux, où des techniques et méthodes de combat sont enseignées, les "arts vénusiens" impliquent l'art de séduire des femmes d'une beauté rare et de maîtriser les dynamiques sociales entre groupes de personnes, avec des objectifs prédéfinis. Vénus, dans la mythologie, est la déesse romaine de l'amour, de la beauté et de l'érotisme, équivalente à la déesse Aphrodite dans la mythologie grecque. D'où le nom "arts vénusiens".

Les termes "prendre, capter et obtenir" représentent la traduction littérale du terme anglais "Pick up". Dans un autre sens, "Pickup Artist" peut se traduire par "artiste de la drague". En résumé, les arts vénusiens et le Pickup sont des synonymes qui expriment la pratique du jeu ou l'art de séduire les femmes.

Suivant cette ligne de pensée, beaucoup considèrent le Pickup comme une sorte de "science de la séduction", et Mystery est considéré comme l'un de ses principaux pionniers. Erik Von Markovik, originaire du Canada, a commencé son parcours en tant que magicien et ancien nerd en informatique. Il a été largement acclamé comme le plus grand séducteur du monde pendant une longue période, bien que des classifications plus récentes créées par la communauté internationale de séduction contredisent cette affirmation, plaçant Julien Blanc, ex-sociétaire de l'entreprise "Real Social Dynamics", comme le numéro un.

Personnellement, je considère Mystery comme l'un des meilleurs PUAs au monde, malgré sa méthode presque exclusivement indirecte. Une grande partie de mon évolution en tant qu'être humain et Pickup Artist lui est due, ainsi qu'à ses contributions.

Mystery a été l'un des hommes les plus systématiques dans l'étude de l'art de la séduction. Il a développé le modèle M3, qui a ensuite évolué vers le Mystery Method, une approche étape par étape pour séduire les femmes d'une beauté rare. Il a divisé le processus de séduction en trois étapes et neuf sous-étapes. De plus, il a été un innovateur dans la création de terminologie, et de nombreux termes du jeu utilisés encore aujourd'hui, tels que DVS, RLMP et Set, trouvent leur origine en lui.

Le terme Pickup Artist, PUA ou artiste de la séduction, dans le sens moderne, n'avait pas encore émergé au début des années 90, avec l'avènement d'Internet. Avec la popularisation du web, de nombreux hommes intéressés par le sujet ont pu se réunir et partager leurs connaissances et techniques sur l'art de la séduction, quelque chose d'inédit jusqu'alors.

L'un des premiers lieux d'échange d'expériences pour ces séducteurs était un groupe de discussion appelé "alt.seduction.fast" (ASF), créé par le gourou autoproclamé de la séduction Ross Jeffries, fondateur de l'école de séduction Speed Seduction. Ross Jeffries, un homme mûr et rien ne le prédestinait à l'image stéréotypée du séducteur, a été l'auteur de l'un des premiers livres sur le sujet : "How to get the women you desire into bed". Rapidement, la discussion s'est répandue sur le forum parmi ceux qui seraient reconnus comme les premiers PUAs du monde.

Ce forum a évolué au fil du temps, et progressivement, les membres ont commencé à créer leurs propres termes et jargons pour décrire et expliquer certaines caractéristiques et comportements. L'un des premiers concepts à être introduits a été celui de "rotinas", équivalent à utiliser du matériel pré-élaboré, comme nous le verrons plus loin.

Les débuts du Pickup ont été marqués par une approche scientifique de la séduction des femmes, utilisant des "méthodes" ou des routines préétablies et testées sur le terrain. Les praticiens de ce style de vie cherchaient à percer les secrets du cœur féminin en utilisant des méthodes et des routines testées sur le terrain. Leur mission était de créer des stratégies et des matériaux irrésistibles pour attirer la plupart des femmes, les expérimentant dans des bars et des boîtes de nuit. Après chaque incursion, ils partageaient leurs expériences de succès et d'échec dans une zone connue sous le nom de "rapports sur le terrain" sur le forum. Là, l'art de la conquête était disséqué, analysé et réinventé.

Avec l'avènement d'Internet et la popularité de la communauté de séduction, de nombreux PUAs ont transformé leurs compétences avec le sexe opposé en un entreprenariat lucratif. Parmi ces pionniers, on trouvait Ross Jeffries, qui, en tant que l'une des voix prédominantes, a publié un livre sur l'art de séduire les femmes. Il a ouvert la voie à une nouvelle génération de maîtres de la séduction, tels que David DeAngelo, dont le livre "Double Your Dating" est devenu une référence dans le domaine de la conquête.

Certains PUAs ont commencé à proposer des Bootcamps de Pickup, où des hommes assoiffés de connaissance pouvaient apprendre et vivre l'art de séduire de belles femmes. Ces formations personnalisées se déroulaient pendant les week-ends, avec des cours théoriques et pratiques sur le champ de bataille amoureux. Bien que ces opportunités d'apprentissage ne fussent pas accessibles à tous, l'investissement à long terme en valait la peine, transformant la vie de ces hommes dans leurs relations avec le sexe opposé. Un investissement pour la vie.

À mesure que la communauté de séduction grandissait, plusieurs PUAs ont fondé leurs propres entreprises, laissant leur empreinte dans le monde. Wayne Elise, connu sous le nom de "Juggler", a donné vie à Charisma Arts, une entreprise de séduction renommée, tandis que d'autres ont créé Real Social Dynamics. Des noms tels que Papa, Brad P., Zan Perrion, Badboy, Vin DiCarlo, et bien d'autres se sont distingués dans ce parcours, laissant un héritage de connaissance et de succès.

Curieusement, au fil du temps, certains des gourous de la séduction tels que Mystery, David X et Badboy ont commencé à embaucher des femmes pour les aider dans leurs Bootcamps. Et, à la surprise de tous, certaines femmes ont également montré un intérêt à aider et à entraîner les hommes dans l'art de la conquête de manière indépendante. Aujourd'hui, il existe des PUAs de sexe féminin dispersées dans le monde, partageant leur perspective unique sur la manière de séduire les femmes.

Certaines voix féminines dans la communauté internationale de Pickup incluent Kezia Noble, AFC Amanda Lyons, Annie Sprinkle, Nicole Sheridan, Tiffany Taylor, Marni Kinrys, April Masini, Sarah Ann, Victoria Zdrok, Ann May, Gabrielle Moore, Romy Miller, Liz Leia, Shawna Lenee, Allana Pratt, Erika Awakening, Rachel Rider, Ryan Keely, Hayley Quinn et Barbara DeAngelis. Chacune d'elles est experte dans des domaines spécifiques liés au Pickup et a contribué à divers livres publiés. Leur enseignement de la séduction du point de vue féminin est considéré comme un véritable trésor par de nombreux hommes assoiffés de connaissance, car elles offrent des perspectives uniques sur la conquête féminine.

Néanmoins, avec l'explosion des Bootcamps, des PUAs du monde entier se sont unis pour former des "compagnies conjointes", comme la Pickup Artist Academy, l'une des plus grandes entreprises de séduction de la planète. Leur équipe d'instructeurs est composée d'experts reconnus internationalement, garantissant que les intéressés soient formés par les meilleurs Pickup Artists. Les étudiants apprennent à approcher, attirer, séduire et conquérir n'importe quelle femme, indépendamment de son apparence, de son âge ou de son statut. Des cours hebdomadaires de Pickup, des séminaires, des missions d'entraînement, du coaching pratique sur le terrain et par téléphone, ainsi que des démonstrations et des exemples variés sont proposés.

Un autre événement d'une importance monumentale dans la popularisation du Pickup a été le lancement de l'émission de téléréalité "The Pickup Artist" sur la chaîne VH1 en août 2007. Avec Mystery comme vedette, accompagné de ses entraîneurs Matador et J-Dog, le programme visait à transformer huit "perdants" en véritables artistes de la séduction.

À chaque épisode, les aspirants joueurs se sont affrontés férocement les uns contre les autres, faisant face à une série de défis divers. Les perdants étaient impitoyablement éliminés, tandis que le vainqueur du défi final, connu sous le nom de "Kosmo", recevait une somme considérable d'argent et le titre convoité de "Mestre PUA". Être un Mestre PUA signifiait être un artiste de la séduction à un niveau avancé, quelqu'un vénéré comme une autorité dans la communauté de séduction.

La première de l'émission sur VH1 a attiré une audience moyenne de 1,8 million de téléspectateurs, validant ainsi le succès de l'émission et assurant une deuxième saison. Mystery et Matador ont été ramenés, accompagnés d'un nouvel ajout à l'équipe d'instructeurs de Pickup : une femme nommée Tara. Ces apparitions n'ont pas été les seules des PUAs dans les médias ; Wayne Elise, également connu sous le nom de Juggler, a charmé le public britannique avec sa participation à "Seduction School: Size Doesn't Matter", tandis que Derek, connu sous le nom de Cajun, a laissé sa marque dans l'émission de téléréalité canadienne "Keys to the VIP". De plus, des agences de presse américaines ont produit de nombreux reportages sur les entreprises de séduction. En 2011, même une comédie romantique intitulée "Let The Game Begin" a été lancée aux États-Unis.

Actuellement, la communauté de séduction est composée de dizaines de milliers d'hommes à travers le monde, grâce à la publication de "The Game: penetrating the secret society of Pickup artists", écrit par Neil Strauss. Au Brésil, la communauté de séduction était peu connue jusqu'alors, mais ce livre a changé la donne, car sa principale mission est de diffuser le Pickup non seulement au Brésil, mais aussi dans d'autres pays du monde, et de transformer les hommes ayant des difficultés avec les femmes en séducteurs confiants et réussis.

De nos jours, il existe de nombreux artistes de la séduction et instructeurs de Pickup répartis dans le monde entier, proposant une large gamme de produits, allant des livres imprimés, ebooks et cours en ligne aux services de coaching personnel et aux formations intensives (Bootcamps). De plus, il existe une multitude de forums de séduction actifs à l'échelle mondiale, où les hommes se réunissent en personne et en ligne pour partager leurs expériences et améliorer leurs compétences sociales.

C'est à travers l'une de ces communautés que je suis devenu un artiste de la séduction. Le parcours n'a pas été facile : j'ai fait face à des rejets en série et à des moments de découragement. Cependant, j'ai persisté et suis devenu un PUA reconnu au Brésil. La quête continue, car le Pickup est une philosophie de vie. Même si un joueur s'engage dans une relation sérieuse ou se marie, il ne cesse jamais d'être un séducteur. Il arrête simplement de jouer activement, mais la mentalité reste ancrée.

Au moment où j'ai découvert la communauté, j'ai plongé dans une large gamme de matériaux, y compris des livres, des articles et des vidéos en ligne. J'ai étudié non seulement Markovik, mais aussi divers autres maîtres de la séduction. J'ai été fasciné par leurs compétences et leurs connaissances. Ils avaient une compréhension approfondie de l'esprit féminin, de la psychologie humaine et des dynamiques sociales, ce qui les rendait persuasifs et extraordinaires.

Ma quête incessante m'a conduit à rencontrer des séducteurs renommés américains et d'autres pays, tels que James Matador, J-Dog, Achilles, Brad P., Lovedrop, Steve Piccus, Sinn, Brent Smith, Ross Jeffries, Vin Dicarlo, Discovery, Chris Orleans, Mehow, Badboy, Dharam, Juggler, Hypnotica, Swinggcat, Jonathan Sankey, Sasha PUA, Seven, Paul Janka, TokyoPUA, Yosha, Cajun, Savoy et bien d'autres maîtres de la séduction ou "Casanova" modernes.

Ce travail vous servira de guide pour devenir un véritable joueur ou artiste de la séduction. Il sera votre livre de chevet et le point de départ de votre voyage dans le monde du Pickup et dans l'univers de la conquête.

Pour devenir un joueur réussi, vous devrez subir une transformation profonde, depuis le changement de vos croyances limitantes (la plus grande barrière pour la plupart des hommes) jusqu'à la manière dont vous vous habillez, parlez, marchez, votre langage corporel, votre voix et votre expression faciale, en passant par l'approche des femmes éblouissantes.

Préparez-vous à embarquer dans ce voyage de développement personnel et de conquête. Ce travail vous fournira les outils nécessaires pour devenir un véritable maître dans l'art de la séduction. J'espère qu'en lisant ce livre, vous vous transformerez en un joueur accompli ! Cependant, avant cela, une pratique inlassable sera nécessaire. Soyez conscient que vous devrez faire des choses que vous n'auriez jamais imaginé être capable de réaliser. Vous ferez face à de nombreux défis, mais ils en vaudront la peine pour le reste de votre vie.

Tout au long de ce livre, j'ai utilisé le jargon de la communauté Pickup, et il est probable que vous rencontriez des termes inconnus. Ne vous inquiétez pas ; il y a un glossaire à la fin du livre avec les termes couramment utilisés par la communauté de séduction. Si vous rencontrez un terme inconnu, consultez toujours le glossaire. L'essence de ce travail est le Pickup. Bien que la plupart des hommes rencontrent des difficultés au début du jeu, nous concentrerons notre attention sur cela, bien qu'il y ait un chapitre sur les relations.

Ce que vous ferez avec les connaissances fournies dans ce livre dépendra exclusivement de vous : vous pouvez l'utiliser pour séduire plusieurs femmes ou pour conquérir cette future épouse tant désirée. Je me dégage de toute responsabilité dans cette entreprise, car c'est une décision qui vous appartient entièrement.

À la fin de 'The Game', Neil Strauss était en relation avec 'Lisa' et ne savait pas comment leur avenir se déroulerait, mais il était heureux. Au cas où les choses ne fonctionneraient pas, il était prêt à revenir dans le jeu. La relation avec Lisa n'a pas fonctionné, et par la suite, il s'est marié avec une autre femme et ils ont eu un enfant. Des années plus tard, Neil Strauss s'est séparé. Ainsi, vos objectifs sont personnels, mon ami. Mais, comme Chameleon l'a mentionné dans le préambule de ce livre, utilisez ces connaissances pour le bien.

La lecture de ce livre vous procurera des expériences incroyables et changera votre vie avec les femmes. Vous apprendrez à jouer de manière à ce que les femmes ne remarquent pas initialement que vous êtes intéressé par elles. Vous découvrirez comment aller droit au but lorsque la situation le permet. Vous apprendrez à jouer dans n'importe quel environnement, que ce soit un centre commercial, une boîte de nuit, un bus, un métro ou une librairie, indépendamment de l'heure, de jour comme de nuit. Vous maîtriserez l'art de séduire les femmes d'une manière unique, efficace et amusante, devenant ainsi un homme hautement persuasif et sexuel.

Ce livre révèle des informations cruciales qui génèrent des études significatives et établissent une nouvelle norme de compréhension de la sexualité féminine. Cela changera sans aucun doute la vie de milliers d'hommes et leur chance avec les femmes.

Préparez-vous à embarquer dans ce voyage d'autodéveloppement et de conquête. Ce livre vous fournira les outils nécessaires pour devenir un véritable maître dans le jeu !

PRENDRE SOIN DU JARDIN POUR ATTIRER LES PAPILLONS

Avant de plonger tête baissée dans le monde complexe du jeu, il est crucial d'explorer d'abord les "jardins" adjacents de la séduction. Dans ces jardins, nous trouverons les éléments fondamentaux qui contribueront à un jeu authentique, puissant et efficace : le développement personnel et professionnel, les soins de santé et l'indépendance financière. Ne vous méprenez pas, cher lecteur, car la compréhension de l'importance de ces piliers fondamentaux sera déterminante dans votre parcours de jeu de séduction.

Il est temps de plonger profondément en vous-même et de prendre soin de votre propre jardin ! Après tout, comme le dit le sage dicton, "ne courez pas après les papillons, prenez soin de votre jardin et ils viendront à vous". Cela implique d'investir dans votre croissance personnelle et dans les autres domaines de votre vie. Soyez l'homme qui cherche constamment à se surpasser, qui est toujours en quête de croissance et d'évolution.

La séduction va au-delà des techniques et des stratégies d'approche. Elle implique surtout la construction d'une version améliorée de soi-même. Quelqu'un de confiant, intéressant et ayant une vie épanouissante. Investir dans votre développement personnel est crucial pour réussir dans le jeu.

Commençons par souligner l'importance du développement personnel. En cherchant la croissance dans tous les domaines de votre vie, vous devenez une personne plus intéressante et attirante. Consacrez du temps à vous connaître mieux, à identifier vos passions et à travailler vers vos objectifs. Imaginez-vous comme un jardinier chargé de cultiver un sol fertile pour que des fleurs magnifiques puissent éclore. De même, votre croissance personnelle est le sol qui nourrira vos interactions avec le sexe opposé. Cela augmentera non seulement votre confiance en vous, mais montrera également aux femmes que vous êtes engagé à évoluer et à devenir la meilleure version de vous-même.

De plus, prenez soin de votre santé physique et mentale. Prenez soin de votre corps, alimentez-vous de manière équilibrée, pratiquez régulièrement des exercices physiques, dormez correctement et maintenez votre esprit sain. Une personne en bonne santé transmet des énergies positives et une vitalité, des caractéristiques extrêmement attrayantes. Prenez soin de votre santé et vous verrez comment cela se reflétera dans votre capacité à attirer les femmes que vous désirez.

Lorsque nous parlons de séduction et de conquête, nous avons souvent tendance à nous concentrer sur les compétences sociales, sur le jeu de l'attraction et sur la construction de relations. Cependant, il est fondamental de comprendre que les femmes voient au-delà de cela. Elles recherchent un partenaire complet, quelqu'un qui réussit dans sa vie professionnelle et qui est financièrement indépendant.

Vous avez probablement déjà entendu dire que le succès attire. Et c'est absolument vrai. Lorsque vous investissez dans votre carrière, cherchez la croissance professionnelle et devenez financièrement indépendant, vous devenez automatiquement plus attirant aux yeux des femmes. Il n'est pas nécessaire d'être millionnaire ou d'occuper un poste de direction dans une grande entreprise. Ce qui compte, c'est votre attitude envers votre vie professionnelle et votre capacité à vous soutenir de manière indépendante.

Les femmes, tout comme les hommes, admirent ceux qui ont de l'ambition, de la détermination et la capacité d'atteindre leurs objectifs. Elles veulent être aux côtés de quelqu'un capable de prendre soin de lui-même et ayant une vie stable. Cette stabilité financière transmet sécurité et confiance, deux caractéristiques hautement appréciées par les femmes.

Je vous encourage donc à consacrer du temps à investir dans votre vie professionnelle. Fixez des objectifs, cherchez à améliorer vos compétences professionnelles, suivez des études supérieures, participez à des concours publics, recherchez de nouvelles opportunités et soyez toujours en croissance professionnelle constante. Indépendamment du domaine dans lequel vous travaillez, cherchez à vous démarquer et à être reconnu pour votre travail. Investir dans votre carrière va au-delà de la recherche d'un salaire plus élevé ; c'est trouver satisfaction et accomplissement dans votre travail. Lorsque vous êtes heureux et épanoui professionnellement, vous transmettez confiance et sécurité, deux attributs hautement appréciés par les femmes. Définissez des objectifs professionnels, recherchez des opportunités de croissance, soyez proactif et soyez prêt à vous améliorer constamment. De cette manière, vous attirerez non seulement les femmes, mais vous construirez également une vie plus gratifiante pour vous-même.

L'indépendance financière joue un rôle fondamental dans la séduction. Si vous habitez encore chez vos parents, comment pourrez-vous ramener des femmes chez vous ? Les femmes apprécient les hommes capables de subvenir à leurs besoins et de prendre soin d'eux-mêmes. Cela ne signifie pas que vous devez être riche, mais plutôt avoir une approche responsable de vos finances et être en contrôle de votre vie financière. Développez des compétences en gestion financière, élaborez un plan d'économie et travaillez à atteindre une stabilité financière à long terme. En démontrant votre indépendance financière, vous transmettrez sécurité et confiance aux femmes.

N'oubliez pas que investir dans votre développement personnel, professionnel, santé et indépendance financière est un processus continu. Cherchez toujours à apprendre, à grandir et à élargir vos horizons. La séduction ne concerne pas seulement attirer les femmes, mais devenir la meilleure version de vous-même. Comme l'a dit Mystery, il s'agit de "construire une vie". En vous consacrant à ce chemin de développement personnel, vous construirez une base solide pour réussir dans le jeu et dans tous les aspects de votre vie.

Comprendre l'ampleur et l'interconnexion de ces éléments clés est la première étape pour devenir un maître dans le jeu. Ils constituent les fondations solides qui soutiendront votre chemin vers le succès dans tous les domaines de votre vie et, comme un effet secondaire inévitable, seront la base pour devenir un homme très attrayant et, naturellement, séduire les femmes. Alors, souvenez-vous : le jeu commence bien avant le premier mouvement, et c'est dans cette préparation holistique (qui englobe tous les aspects de votre vie) que réside le secret de la transformation personnelle et séductrice que vous recherchez.

Dans les prochains chapitres, nous plongerons dans des études approfondies sur le "jeu interne" (nos croyances), des stratégies avancées d'approche, approfondirons la compréhension de l'attraction et discuterons de la construction de relations durables et significatives. Le jeu s'apprête à devenir encore plus passionnant. Soyez prêt à porter votre succès avec les femmes à de nouveaux sommets. Rappelez-vous : le jeu est un voyage continu d'apprentissage, de croissance et d'évolution. Il ne s'agit pas seulement de conquérir les femmes, mais de devenir la meilleure version de vous-même !

JEU INTERNE

Dans le chapitre précédent, nous avons exploré l'importance de façonner la meilleure version de soi-même, d'investir inlassablement dans le développement personnel, de maintenir l'équilibre entre la santé physique et mentale, et d'atteindre l'indépendance financière. Maintenant, il est temps de plonger dans les dimensions les plus profondes du jeu, celles qui vous conduiront à des sommets encore plus élevés de succès avec les femmes. Soyez prêt, car le sommet est sur le point de se déployer devant vous !

Entamons ce nouveau chapitre par une question cruciale : vous considérez-vous digne de la compagnie de femmes magnifiques ? Il est temps de remettre en question vos convictions et de susciter une métamorphose radicale. Ce livre est un voyage à travers l'art de la séduction, mais avant de conquérir des femmes, il est impératif de transformer votre esprit. Une "révolution mentale" est nécessaire, commençant par l'ajustement des croyances négatives.

Croire que vous n'êtes pas capable de séduire des femmes magnifiques, que cette prouesse est au-delà de vos compétences, ou que c'est une impossibilité, ce sont des conceptions déformées qui nécessitent une reconfiguration mentale. Explorons des concepts de psychologie et de PNL pour orienter votre esprit vers le succès, non seulement dans le domaine amoureux, mais dans toutes les sphères de la vie.

Des traités de psychologie et de PNL tels que ceux de Richard Bandler et John Grinder nous instruisent sur l'art de "façonner l'esprit" pour qu'il travaille en notre faveur, favorisant des pensées positives. Tout commence dans votre esprit, mon cher, tout.

En modifiant votre mentalité, votre comportement et vos résultats suivront la même trajectoire. Il est scientifiquement prouvé que si vous doutez de vos capacités, votre cerveau internalise cela comme une "vérité". Il agit comme un engrenage qui traite les informations, qu'elles soient pessimistes ou optimistes. Par conséquent, accomplir ce que vous considérez comme impossible devient une tâche ardue. Je recommande la lecture de "Psycho-Cybernetics: a new way to get more living out of life" de Maxwell Maltz, une œuvre révolutionnaire sur la psychocybernétique, un système qui utilise l'esprit humain pour améliorer l'auto-image et la confiance en soi, résultant en une vie plus épanouissante et réussie.

Si vous croyez que vous "pouvez" accomplir quelque chose, votre cerveau le percevra comme une "vérité" (information positive), fournissant automatiquement les ressources nécessaires pour atteindre vos objectifs. Cela inclut une posture confiante, une énergie positive, un sourire sur le visage, une voix ferme et de l'assurance. Lorsque nous avons confiance en notre capacité à accomplir quelque chose, nous sommes imprégnés d'énergie, de joie, de préparation et d'euphorie.

Dans la communauté de la séduction, les barrières limitatives et les défis psychologiques auxquels la plupart des hommes sont confrontés (comme la peur du rejet, l'anxiété et la faible estime de soi) sont intrinsèquement liés à l'absence d'un "jeu interne" (croyances) solide et ferme. Nous appelons cela le "Inner Game". Tout ce qui se déroule extérieurement est une manifestation de ce qui se passe intérieurement. Je regrette de le dire, mais votre jeu de séduction est entièrement lié à votre jeu interne. S'il est solide, les résultats seront extraordinaires ; s'il est fragile, le changement est impératif, par la pratique et la modification des croyances.

Pour séduire des femmes magnifiques, il est impératif de se sentir véritablement "digne" de leur compagnie, de se voir comme "l'homme le plus extraordinaire du monde" et, au minimum, de s'égaliser à elle, jamais en se dévalorisant. Cela n'est pas lié à la quantité d'argent que vous possédez ou à la voiture que vous conduisez.

Sans un Inner Game robuste et solide, il n'y a pas de jeu. Modifiez vos croyances, et vos résultats se modifieront également.

En intégrant la mentalité selon laquelle vous êtes capable, méritant et le meilleur homme présent, votre comportement, langage corporel, intonation vocale et tout le reste seront transformés. En approchant les femmes, vous rayonnerez cet état d'esprit, et elles seront inévitablement attirées par vous.

Inspirez-vous de la majestueuse aigle, symbole de force et de grandeur, présente sur les blasons militaires et les étendards de leaders tels que Cyrus, roi des Perses, et lors des moments glorieux du deuxième consulat de Marius, où elle ornait les lances des légions.

Dans la symbolique chrétienne, l'aigle résonne comme une possible représentation de la résurrection, du triomphe du Christ et du christianisme, en plus de symboliser l'âme humaine et les arts. Associée à l'homme perspicace et pénétrant, capable de voir au-delà, elle est aussi l'image de Zeus dans la mythologie grecque. Tout comme l'aigle, éleve-toi au-dessus de tes propres limites et adopte la vision que tu peux atteindre tout ce que tu désires.

Transposant cette philosophie sur le chemin du succès dans tous les domaines de la vie, surtout dans les relations, il est essentiel de te voir comme l'"aigle". Ton esprit doit planer au-dessus de ceux embourbés dans des croyances limitantes et des complexes d'infériorité, inhérents à la nature humaine. Deviens l'homme qui ne se permet pas d'être manipulé par des pensées négatives ; au contraire, maintiens-toi toujours au-dessus du pessimisme, surmontant les obstacles avec facilité, contrôlant tes pensées.

Anthony Robbins, dans "Unlimited Power", souligne que notre comportement reflète notre "état d'esprit". Si tu ne vas pas bien intérieurement, si tu ne crois pas en tes capacités, la réalisation devient une tâche ardue, quelque chose prouvé par la psychologie. Cependant, si tu crois, l'univers conspire en ta faveur, comme l'affirme la "loi de l'attraction" de Rhonda Byrne, auteur de "The Secret", un ouvrage lu par des milliers dans le monde entier.

Les femmes ne sont pas des êtres intouchables ou supérieurs. Malgré leur beauté, ce sont des êtres humains, souvent incertains. La beauté n'est pas le seul critère ; des caractéristiques attrayantes sont accessibles à n'importe quel homme.

Commence par t'aimer, une condition fondamentale avant d'agir envers les femmes. La confiance et l'authenticité attirent. Sois vigoureux, sûr de toi et heureux avec toi-même, et ta vie sexuelle sera épanouie.

De nombreuses femmes attendent de te connaître et d'avoir une relation avec toi. Je parle de ton véritable "toi" intérieur, avec ton potentiel inexploité. Libère-le maintenant et vis la vie que tu as toujours souhaitée !

En plus d'une attitude interne solide et du contrôle des pensées, l'habillement est crucial. Dans le chapitre "Apparence", tu apprendras à t'habiller correctement, influençant positivement ton estime de soi et, par conséquent, ta séduction. Si mal habillé et avec des croyances négatives, ton jeu est condamné à l'échec - une situation à éviter.

Comprends, je ne dis pas que tu ne rencontreras pas de difficultés. Nous en rencontrons tous. Ce que je veux transmettre, c'est que, pour séduire, ton état d'esprit doit être au top, reflétant directement sur ton jeu. Être bien avec toi-même est la clé du succès inévitable.

En plongeant dans les pages de "How to be a people magnet" et "The definitive book of body language" d'Allan et Barbara Pease, des experts renommés en psychologie humaine et en comportement, nous découvrons qu'il est intrinsèque à l'être humain de réagir inconsciemment de la même manière, s'exprimant avec la même émotion avec laquelle tu interagis.

Imagine t'approcher d'une femme avec une posture grincheuse, une expression sérieuse et une énergie négative - automatiquement, elle répondra de la même manière. C'est quelque chose d'inné et humain. Après tout, pourquoi t'approches-tu de quelqu'un, mais gardes-tu une expression sérieuse, sans sourire, ou bégaies-tu ? En revanche, une approche décontractée, amusante et avec un sourire elicitera une réponse positive. Tu transmettras des énergies positives, comme indiqué dans "How to love yourself" de Louise L. Hay, un ouvrage qui dévoile comment augmenter l'estime de soi pour une vie plus heureuse.

Prêt à élever ton estime de soi à des niveaux stratosphériques ? Suis les conseils ci-dessous quotidiennement jusqu'à ce qu'ils deviennent aussi naturels que de respirer, et ton attitude envers toi-même et ton état émotionnel se transformeront radicalement. À partir de là, séduire des femmes sera une conséquence merveilleuse.

Assez d'autocritique ! Soyez authentique et effectuez les changements que vous désirez. Pourquoi vous autoflageller avec des pensées négatives ? Cela ne vous mènera nulle part, encore moins au cœur des femmes. Rappelez-vous : si vous ne vous aimez pas, personne d'autre ne le fera. Cultivez des pensées positives, reconnaissant que vous êtes complet, avec toutes les compétences nécessaires pour réussir. L'autocritique, c'est du passé. Acceptez que personne ne naît en sachant tout ; nous sommes tous en constante évolution. Alors, mettez fin à cette autocritique une fois pour toutes.

Lorsque des pensées négatives envahissent votre esprit, remplacez-les par quelque chose de positif. Apprenez à contrôler vos émotions en transformant instantanément les pensées négatives en pensées positives. Explorez des livres sur la PNL pour faciliter ce processus et le rendre automatique dans votre routine quotidienne.

Complimentez-vous. La critique détruit l'estime de soi, mais les éloges la font décoller. Soyez votre plus grand fan, en le faisant plusieurs fois par jour. La confiance en soi découle d'une estime de soi élevée. Soyez le gars le plus incroyable de votre ville, le plus confiant. Complimentez-vous toujours, boostant votre estime de soi.

Traitez le négatif avec bienveillance. Pour abandonner des schémas destructeurs, faites-le avec amour. Faites de la place pour de nouveaux schémas, permettant un changement en douceur. N'essayez pas de tout changer d'un coup ; allez-y progressivement, remplaçant les habitudes négatives par des positives.

Faites quotidiennement l'exercice du miroir ! Regardez-vous dans les yeux dans le miroir comme si vous étiez dans un film romantique et prononcez les mots magiques : "Je t'aime. Je te pardonne. Tu es un gagnant et tu peux faire ce que tu veux". Cette pratique est incroyable. Faites-le tous les jours et observez votre transformation au fil d'un an. En affirmant la positivité devant le miroir, votre cerveau internalisera ces mots, vous mettant totalement en contrôle de la situation. Et cela ne s'arrête pas là. Utilisez toujours cette technique, en lâchant des affirmations comme : "Je suis l'un des meilleurs maîtres de la séduction au monde. Je peux conquérir n'importe quelle femme que je veux". Cela fera toute la différence dans votre posture. Faites-le quotidiennement et voyez les résultats de vos propres yeux. Le secret réside dans votre esprit. Prenez le contrôle et dominez le monde de la séduction.

Créez un ensemble de croyances inébranlables et une image de soi invincible. Visualisez mentalement la vie que vous souhaitez, vous projetant comme un homme confiant, amusant et heureux. Avec le temps, vous vous transformerez en cette personne. Cultivez des croyances positives et solides sur vous-même et devenez l'incarnation de votre idéalisation. Croyez-moi, mon camarade, vous avez le potentiel total pour y parvenir.

Avancez avec détermination, impliquez-vous dans l'exercice du miroir et renforcez vos croyances. Vous êtes sur la bonne voie pour devenir un véritable maître du jeu. Gardez le cap et brillez comme une star du rock !

POUR SÉDUIRE, IL FAUT D'ABORD ÊTRE HEUREUX

Le bonheur est le secret du succès dans la séduction et dans tous les domaines de votre vie. Sans lui, vos chances de conquérir des femmes et d'atteindre vos objectifs sont très faibles. Mais après tout, qu'est-ce que le bonheur pour vous ? Selon l'éminent chirurgien plasticien et psychologue américain le Dr John A. Schindler, c'est un état d'esprit où nos pensées sont principalement agréables.

Maintenant, c'est le moment de prendre les rênes de vos pensées et de redéfinir votre existence. Selon Maxwell Maltz, auteur de "Psycho-Cybernetics: a new way to get more living out of life", le bonheur est une habitude mentale et une attitude à apprendre et à pratiquer dans le présent. Nous ne pouvons pas conditionner notre bonheur à des réalisations externes, car la vie est une succession de défis, et attendre de les résoudre tous avant d'être heureux est un chemin vers l'insatisfaction perpétuelle.

La science confirme l'importance du bonheur pour le bien-être physique. Des études montrent que des organes tels que l'estomac, le foie et le cœur fonctionnent mieux lorsque nous sommes joyeux. Il y a des milliers d'années, le sage roi Salomon soulignait déjà que "le cœur joyeux est un bon remède, mais l'esprit abattu dessèche les os".

Alors, souriez ! Le sourire est un outil puissant pour élever votre humeur et votre estime de soi. Des recherches menées dans des universités américaines révèlent que sourire apporte des bienfaits pour le cœur, la pression artérielle, les poumons, le système digestif, la circulation sanguine et le système immunitaire. De plus, le sourire est hautement contagieux, créant une atmosphère positive autour de vous.

Le sourire joue également un rôle crucial dans la séduction. Selon Swinggcat, auteur de "Real world seduction", la gravité est une menace pour le prizing, et les femmes considèrent le sens de l'humour comme une qualité irrésistible chez un homme. Croyez-le ou non, de nombreuses femmes tombent amoureuses non pas de l'apparence physique, mais du sens de l'humour irrésistible d'un homme.

Neil Strauss enseigne que "la séduction est l'art de se sentir bien avec soi-même". Lorsque vous vous sentez bien, la séduction se produit naturellement. Il est donc essentiel de travailler sur votre Inner Game. Mystery, l'un des plus grands experts en séduction, souligne l'importance d'être une personne amusante et pleine d'humour. Fini le style dur ou profond.

Utiliser l'humour et créer des stimuli émotionnels est une Démonstration de Valeur Supérieure (DVS).

La Démonstration de Valeur Supérieure, ou DVS, est une technique de séduction qui permet de montrer aux femmes des qualités masculines universellement attirantes, telles que la pré-sélection, le leadership, la protection et l'humour. Selon Mystery, la "valeur" est le bouton d'attraction le plus puissant chez les femmes. Si vous parvenez à démontrer cette valeur à travers l'humour, elles se sentiront irrésistiblement attirées par vous.

Le bonheur est la clé du succès dans la séduction et dans tous les aspects de votre vie. Apprenez à maîtriser vos pensées, souriez toujours et développez un sens de l'humour contagieux. Travaillez sur votre Inner Game et soyez une personne heureuse. Avec cette attitude, vous serez en avance d'un pas dans le jeu.

S'il y a une compétence que vous devez maîtriser dans l'art de la séduction, c'est de faire rire les femmes. Comme le disent Ron Louis et David Copeland, "si vous parvenez à faire rire une femme (tant que vous n'êtes pas la cible de rires), vous lui plaisez et elle voudra vous revoir". Badboy, le maître du "Badboy Lifestyle", dans son livre "Advanced Pickup", nous met en garde contre la nécessité de changer notre comportement envers les femmes. Être excessivement sérieux n'est pas attirant, après tout, elles cherchent du plaisir. Elles attendent de vous que vous soyez la source de ce plaisir.

Cependant, le plaisir ne dépend pas seulement de vos actions externes, mais aussi de votre état intérieur. Votre Inner Game et votre état mental jouent un rôle crucial dans la séduction. Comme l'a dit Anthony Robbins, "notre comportement est le résultat de l'état dans lequel nous nous trouvons". L'état dans lequel vous vous trouvez filtrera et affectera directement le résultat de votre interaction avec les femmes.

Il est donc impératif et fortement recommandé d'acquérir des compétences en Programmation Neurolinguistique (PNL) pour cultiver un état d'esprit positif. Gardez toujours le sourire, même si théoriquement vous n'êtes pas débordant de bonheur ou d'enthousiasme. Ici, nous parlons d'afficher un sourire authentique, un sens de l'humour vif et une vibration positive, sans avoir besoin de devenir un "clown" devant les gens. Soyez simplement une personne amusante.

Le bonheur est une pratique qui peut être apprise, et dans le jeu de la séduction, il joue un rôle crucial dans la création de plaisir, de tension sexuelle et de satisfaction, dans l'établissement d'un Rapport (connexion profonde) authentique, et dans la transmission d'énergies positives, irrésistibles pour les femmes.

En perfectionnant votre Inner Game, les séductions se produiront de manière organique, car votre état d'esprit positif et robuste deviendra contagieux pour les personnes autour de vous. Je répète : le Pickup est une philosophie de vie où vous découvrez et exprimez le meilleur de vous-même pour le monde.

Alors, explorez le pouvoir de l'humour, améliorez votre Inner Game et observez comment la séduction devient une expérience stimulante et plaisante. Préparez-vous à charmer les femmes et à les laisser impatientes de partager davantage de moments détendus avec vous !

LE MÂLE ALPHA

"Soyez la lumière, pas la mite".

(Giacomo Casanova)

Dans le monde de la séduction, le comportement "Alpha" constitue le fondement de tout séducteur, représentant les caractéristiques masculines que les femmes apprécient le plus. Dans ce chapitre, je vais discuter d'un concept d'une importance extrême : le "Mâle Alpha". Ce concept est essentiel pour attirer les femmes, et si vous ne le comprenez pas et ne l'assimilez pas, vous aurez du mal à susciter l'intérêt féminin.

Mais avant d'entrer dans les détails, parlons d'un autre concept étroitement lié : l'attraction. Ces deux concepts sont intrinsèquement liés, et il est impossible de générer de l'attraction chez les femmes sans être un Mâle Alpha. Vous comprendrez mieux cette connexion au fil du texte.

Par conséquent, commençons par définir ce qu'est l'attraction. L'attraction, du latin attractio, -onis, signifie "l'acte de tirer vers soi, d'attirer". C'est la force qui amène un corps à se déplacer en direction d'un autre lieu, et c'est le résultat de cette force. Au sens figuré, cela représente également le charme, la curiosité et l'influence exercée sur la volonté d'autrui.

Pour mieux comprendre ces concepts, revenons un peu en arrière, à l'Antiquité, lorsque l'humanité était à ses débuts. À cette époque, les hommes des cavernes étaient responsables de la chasse, de la recherche de nourriture, de la construction d'abris et de la protection de leurs femmes et enfants contre les dangers du monde. Les femmes, quant à elles, jouaient principalement le rôle de prendre soin des enfants et de préparer les aliments que les hommes pouvaient trouver lors de leurs incansables voyages pour survivre.

Cependant, les hommes vivaient en groupes tribaux, participant à des rituels et à des coutumes caractéristiques de ces tribus. Chaque tribu possédait généralement un leader, quelqu'un qui donnait des ordres, organisait la tribu (même de manière rudimentaire) et exerçait du pouvoir sur les autres hommes. Ces leaders étaient extrêmement attirants pour les femmes, qui même se disputaient leur attention, car elles voyaient en eux la "protection pour leur progéniture, un abri et de la nourriture" - des ressources rares à l'époque.

Les leaders tribaux avaient accès à des ressources, ce qui était particulièrement attirant pour les femmes du groupe. Des caractéristiques telles que le leadership, le pouvoir, la domination, l'influence, l'abondance et la richesse éveillaient inconsciemment l'attraction chez les femmes de leurs tribus. Cette attraction est intrinsèque à l'évolution de l'être humain de sexe féminin. Lorsque les femmes tombent enceintes, elles passent neuf mois à porter leurs enfants dans leurs ventres, ce qui demande du temps et beaucoup d'efforts. Il était donc crucial de choisir avec soin l'homme "correct" qui garantirait leur survie et celle de leur progéniture, assurant ainsi la perpétuation de leurs gènes dans le monde.

Ainsi, les leaders tribaux jouaient un rôle que nous définissons aujourd'hui comme le concept de "Mâle Alpha". Le mot "Alpha" ou "Alfa", d'origine grecque, représente la première lettre, le chiffre "1" - le "premier". Alpha est fréquemment utilisé comme adjectif pour indiquer le premier ou l'occurrence la plus significative, comme "l'étoile Alpha d'une constellation" ou "le premier des chevaliers". Le concept de "Mâle Alpha" est également couramment utilisé en zoologie pour décrire le leader du groupe, l'animal qui a accès à toutes les femelles et qui n'a pas besoin de se soucier des tâches ardues telles que la recherche de nourriture ou d'abri.

Nous ne sommes pas si éloignés du monde animal, car dans l'espèce humaine, nous avons aussi ces individus que nous appelons des Alphas, qui se démarquent des autres hommes et, par conséquent, suscitent l'attraction chez les femmes. Dans les prochaines pages, ce concept deviendra clair et vous comprendrez pourquoi, depuis l'Antiquité, les femmes sont attirées par les Machos Alphas.

Le comportement Alpha est le fondement de tout joueur habile, car il représente les caractéristiques masculines que je vais décrire ci-après. Dans l'Antiquité, les leaders tribaux étaient considérés comme attirants en raison de leurs corps imposants, de leur capacité de protection et de leur fourniture de nourriture. Bien que ces attributs suscitent toujours l'attraction chez les femmes de nos jours, il n'est pas nécessaire d'être riche ou d'avoir un physique parfait pour les conquérir. La clé réside dans la compréhension de la manière d'activer les "boutons d'attraction" en elles, en démontrant précisément ces mêmes caractéristiques des leaders tribaux d'autrefois.

Le Mâle Alpha dans l'art de la séduction est cet homme doté d'attributs qui sont universellement attirants pour les femmes. Ci-dessous, je décris les principales caractéristiques de tout Mâle Alpha. Si vous les internalisez, les femmes ne pourront pas vous résister !

Après des années d'études et de pratiques intensives, en observant les expériences et les enseignements des maîtres de la séduction, j'ai compilé une liste d'attributs typiques d'un Mâle Alpha. Ces caractéristiques sont considérées comme "universelles" dans le monde de la séduction. Travaillez constamment pour les incorporer, et avec le temps, vous laisserez les femmes avec la culotte mouillée et folles de désir pour vous.

CARACTÉRISTIQUES DU MÂLE ALPHA

Confiance : Vous êtes un homme sûr de lui, intrépide face aux opinions des autres. Vous parlez avec conviction, regardez les gens dans les yeux, et vos paroles sont persuasives. Votre posture et votre style vestimentaire sont en totale cohérence avec cette image de confiance. Vous ne cherchez pas de validation externe et ne vous laissez pas ébranler par les résultats de vos approches. Rien n'est d'une importance extrême pour vous. Votre confiance est naturelle et inhérente au comportement du Mâle Alpha.

Dominance : Vous êtes le leader. Vous prenez la main de la fille et la guidez là où vous le souhaitez. Vous faites ce qui doit être fait, quand vous le voulez. Vous assumez le rôle de Mâle Alpha et ne tolérez pas les bêtises. Vous êtes totalement présent et dominez l'environnement, y compris la femme. Votre langage, votre démarche et vos mouvements reflètent la posture d'un homme dominant.

Estime de soi : Vous vivez dans votre propre monde et réalité. Vous agissez comme un homme de grande valeur, qui s'aime et se valorise. Vous ne vous diminuez pas et ne permettez pas que votre image soit ternie. Vous êtes immunisé contre les réactions des autres et ne vous souciez pas de ce qu'ils pensent de vous. Votre image de soi est solide, et vous êtes pleinement heureux de votre vie. Vous n'êtes ni nécessiteux ni avide. Un sourire est toujours affiché sur votre visage, démontrant votre satisfaction envers vous-même.

Leadership : Vous êtes celui qui prend les décisions, toujours informé sur ce qui se passe autour de vous. Vous organisez des fêtes et avez le dernier mot. Vous assumez le leadership dans les interactions homme-femme sans hésitation. Vous prenez toujours des décisions et dirigez votre groupe. Les femmes adorent être guidées par des hommes leaders. Le leadership est une caractéristique essentielle du Mâle Alpha.

Vibration positive : Vous êtes amusant et toujours de bonne humeur. Vous ne vous laissez pas affecter émotionnellement par la réalité extérieure, que ce soit par la beauté de la femme ou par une réaction hostile. Tout est un jeu pour vous. Vous êtes joueur, toujours souriant, et mettez les gens à l'aise autour de vous. Votre vibration et votre charisme sont contagieux, et tout le monde est enchanté quand il est près de vous.

Pré-sélection : Vous montrez, directement ou indirectement, que vous êtes entouré de femmes belles. C'est une caractéristique universellement attirante pour les femmes, et vous le savez. Cela suscite des jalousies instinctives chez d'autres femmes, qui se battent pour votre attention. Lorsque vous êtes accompagné de belles femmes, que ce soit en tant qu'amies ou fréquentations, vous transmettez l'image d'un homme entouré de ces beautés, recherché et habitué à être près de femmes notées 10. En d'autres termes, vous êtes un homme qui attire, et elles le remarquent !

Protection : Vous démontrez de l'attention envers les personnes chères, les amis, la famille et les femmes avec lesquelles vous êtes en relation. Elles se sentent en sécurité lorsqu'elles parlent avec vous. Vous êtes protecteur et vous vous souciez du bien-être de vos proches. L'instinct protecteur émane naturellement de vous, et les femmes le perçoivent.

Sociabilité : Vous êtes un véritable soleil en termes de sociabilité, et tout le monde ressent votre présence dès que vous vous approchez. Vous connaissez tout le monde, interagissez facilement, surtout avec les femmes. Votre compagnie est toujours la bienvenue. Vous êtes l'organisateur d'événements et vous êtes toujours au centre de l'attention. En entrant dans n'importe quel environnement, vous vous connectez immédiatement avec les gens, affichant des preuves sociales pour que tous voient. De plus, vous vous réunissez régulièrement avec des amis et êtes toujours présent dans les groupes.

Sensibilité : Malgré toutes les caractéristiques irrésistibles mentionnées précédemment, vous êtes aussi un homme "sensible". Vous appréciez une femme pour ce qu'elle est, pas seulement pour son physique. Vous comprenez les complexités féminines et êtes un auditeur attentif lorsqu'elles ont besoin de se confier (mais ne vous confondez pas avec l'"ami gay" ou le "lèche-bottes" ; vous savez simplement écouter et comprendre). Vous êtes un homme sentimental, capable de comprendre les sentiments des femmes et de les valoriser.

HABITUDES DU MÂLE ALPHA

Il est temps de révéler les habitudes et principes qui guident le style de vie d'un authentique Mâle Alpha. La liste peut sembler longue, mais en réalité, ces attitudes et comportements se développeront de manière naturelle lorsque vous intérioriserez les concepts fondamentaux d'un véritable maître dans l'art de la séduction.

Agissez sans montrer de besoin, de désespoir ou de dépendance. La dépendance est le poison qui anéantit toute attraction qu'une femme pourrait ressentir pour vous. Être dans le besoin révèle un besoin, ce qui est un signe de valeur inférieure, sapant l'attraction. N'agissez jamais comme si vous étiez en train de supplier ou de mendier quoi que ce soit - supplier pour des baisers, des étreintes ou des caresses est hors de question. Conquérez tout cela sans avoir besoin de demander.

Ne passez pas votre temps à appeler "à tout moment" une femme, en lui demandant où elle est ou ce qu'elle fait. Ne soyez pas dépendant, soyez un homme assez confiant pour agir différemment des autres hommes. Rappelez-vous que vous êtes un Mâle Alpha, pas dépendant, nécessiteux ou désespéré. La Démonstration de Valeur Inférieure (DVI) est tout ce que vous faites pour diminuer votre "valeur" aux yeux des femmes ou des autres personnes. Les femmes sont attirées par les hommes de grande valeur en matière de survie et de reproduction, donc par la Démonstration de Valeur Supérieure (DVS), l'opposé de la DVI. Les DVS seront mieux expliquées dans les prochaines pages.

Limitez votre disponibilité : ne soyez pas toujours disponible. Soyez quelque chose de rare et de précieux. Vous ne devez pas être disponible tout le temps, car cela diminue votre valeur à leurs yeux ; donc, limitez votre disponibilité. L'absence est l'un des piliers de l'exercice du pouvoir. Parfois, quand elle vous appelle, terminez l'appel en premier - vous devez faire ce genre de chose. Votre absence suscite l'anxiété, la curiosité et le mystère chez les femmes, ce qui, à son tour, augmente leur attraction pour vous. Cette règle est fondamentale.

Croyez en l'abondance : croyez toujours qu'il y a une abondance de femmes. Le secret est de ne pas s'attacher à l'une d'entre elles. Oui, même après l'avoir séduite, vous ne devez pas vous attacher. Après la conquête, vous devez être cohérent avec votre personnalité de Mâle Alpha, car agir autrement embrouillera son esprit. Elle pourrait penser : "Étrange... n'était-il pas super confiant ? Pourquoi agit-il ainsi ?" Quand vous avez la mentalité qu'il y a une "abondance de femmes" là-bas (et c'est vraiment un fait), vous ne vous attachez à personne, vous êtes calme, vous n'êtes pas dans le besoin, vous avez votre propre vie et vous savez que, à tout moment, en sortant, vous pouvez rencontrer une nouvelle et belle femme. Croyez-moi : il y a plusieurs femmes qui vous attendent là-bas !

Ne demandez pas d'attention ou d'affection : conquérez-les. Pas de supplication pour une femme. Ne demandez jamais d'attention, d'affection, de baiser ou de sexe... Jamais ! Ne diminuez pas votre valeur, mon ami. Vous n'êtes pas un homme nécessiteux au point de devoir demander ou supplier quelque chose. Ne soyez pas jaloux. Laissez-la parler à ses amis - ou vous ne faites pas confiance à vos propres "couilles" ? Vous ne voulez pas être ce genre d'homme jaloux et peu sûr de lui. Si vous vous comportez comme un vrai homme, elle viendra à vous, vous embrassera, vous câlinera et voudra faire l'amour avec vous sans que vous ayez besoin de rien demander. Donc, pas de supplication pour quoi que ce soit.

Restez un défi pour ele : pendant la phase de séduction et même pendant la relation, ne révélez pas facilement vos sentiments. Laissez-la curieuse de savoir si vous l'aimez vraiment ou non. Le pouvoir de cela est incroyable. Souvent, les femmes perdent de l'intérêt après avoir réalisé qu'elles ont déjà "conquis" l'homme, précisément parce qu'il a révélé trop rapidement qu'il était "amoureux". Cela ne signifie pas que vous ne pouvez pas vous exprimer, mais il est important de maintenir un air de mystère pour qu'elle reste de plus en plus intéressée et curieuse à votre sujet. Soyez expressif seulement de temps en temps... Vous verrez la puissance de cela.

Soyez indépendant et ayez d'autres centres d'intérêt : ne mettez jamais une femme au centre de votre monde. Évitez l'erreur fatale de la porter sur vos épaules, d'appeler sans cesse ou de lui faire trop de cadeaux. Au lieu de cela, ayez votre propre vie, faites ce que vous aimez et prenez du temps pour vous-même. Ne faites pas de la femme votre objectif principal, car cela ne fera que miner votre attractivité.

Prenez soin de votre propre jardin : comme expliqué dans le chapitre précédent, en prenant soin de vous-même, vous attirez naturellement les papillons. Investissez dans votre développement personnel, prenez soin de votre esprit et maintenez-vous en bonne santé physique. Une vie épanouissante et heureuse fera que les femmes se sentiront attirées par vous.

Traitez les femmes comme elles vous traitent : si une femme vous traite mal, il n'y a aucune raison de tenter de la conquérir avec des cadeaux ou des gentillesses. Répondez de la même manière. Si elle montre de l'affection et de la sympathie, répondez de la même manière. La réciprocité est la clé. Accordez de l'attention uniquement à celles qui montrent vraiment de l'intérêt.

Surprenez et soyez différent : invitez la femme à sortir et explorez de nouveaux endroits ensemble. Soyez audacieux et évitez la routine. Les femmes sont des êtres émotionnels et aspirent à l'aventure. Emmenez-les vivre des expériences excitantes, comme des balades en kart, de l'escalade ou des dîners aux chandelles. Faites-leur ressentir la vie à vos côtés.

Ne perdez pas de temps avec ceux qui ne vous apprécient pas : évitez d'insister et de gaspiller votre temps avec des femmes qui ne sont pas intéressées par vous. Le temps est précieux, et vous ne devez pas vous soumettre à la poursuite de quelqu'un qui n'en vaut pas la peine. Respectez-vous et concentrez-vous sur ceux qui veulent réellement être à vos côtés.

Agissez et laissez que vos actions parlent pour vous : évitez de vous vanter et laissez que vos actions et comportements révèlent qui vous êtes. Montrez que vous êtes différent des autres hommes, que vous avez votre propre vie et que vous n'êtes pas dans le besoin. Soyez un homme mature et rare, suscitant son intérêt par votre authenticité.

Soyez toujours entouré de femmes : restez entouré de belles femmes ou faites croire aux autres que vous les possédez. Ce principe est lié à la pré-sélection, comme discuté précédemment. Quand les femmes voient que d'autres sont attirées par vous, elles se sentiront naturellement attirées aussi. C'est un instinct évolutif. Il n'est donc pas nécessaire de mentionner explicitement que vous avez d'autres femmes, mais laissez-la percevoir subtilement par votre comportement et vos réponses. Une fois qu'elle ressent la pré-sélection, elle sera inévitablement à vos pieds.

N'attachez pas exclusivement à une femme, sauf si vous êtes dans une relation sérieuse. Évitez cette erreur fatale. Il est crucial d'avoir d'autres options en matière de relations à court terme. Vous pouvez vous engager avec une femme aujourd'hui et, demain, voir que ce n'est pas vraiment ce que vous recherchez.

Ou, à un moment donné, une femme peut vous dire "non" pour diverses raisons. Peut-être qu'elle vient de sortir d'une relation, traverse une perte personnelle ou n'est simplement plus intéressée par les hommes. C'est pourquoi vous devez avoir d'autres options. En ayant d'autres options, vous ne devenez pas dépendant d'une femme, vous n'êtes pas dans le besoin et encore moins nécessiteux. Ironiquement, c'est précisément cette mentalité qui attire davantage les femmes.

Gardez votre posture. Ne laissez pas la jalousie ou la peur de la perdre vous dominer. Si vous montrez un excès de jalousie, cela contredira votre image d'homme Alpha, fort et confiant. Permettez-lui de parler à ses amis, de sortir et de vivre sa propre vie. Ne soyez pas l'homme qui résout tous ses problèmes ; soyez l'amant, celui avec qui elle s'engage sexuellement, pas l'"ami" qui est là pour résoudre ses dilemmes. Remarquez la différence ? C'est une approche complètement distincte. Alors, détendez-vous et restez fort, ne laissez pas le ciúme prendre le dessus !

APPARENCE

Prenez soin de votre apparence ! Tout d'abord, il est important de comprendre la différence entre "apparence" et "beauté". Ce sont deux choses complètement distinctes. Un homme peut être considéré comme physiquement "moche" et avoir quand même une excellente apparence. D'un autre côté, quelqu'un peut être physiquement beau, mais avoir une apparence horrible et ne pas posséder les compétences nécessaires pour conquérir une femme. Comment est-ce possible ? Je vais expliquer plus en détail.

L'apparence est quelque chose qui peut être amélioré. Par exemple, vous pouvez choisir d'avoir une coupe de cheveux courte ou longue, un style "mohawk" ou "surfeur", avoir une barbe ou non, avoir une silhouette ordinaire ou athlétique, porter des vêtements sportifs ou sociaux. En résumé, votre apparence est quelque chose de totalement modifiable.

Il existe plusieurs façons d'améliorer votre apparence, notamment les soins de la peau, des dents, des coupes de cheveux et de la barbe, l'épilation, le développement musculaire grâce à des exercices, la perte ou le gain de poids, le style vestimentaire, entre autres options. Il vous appartient d'identifier quelles initiatives vous pouvez prendre pour améliorer votre apparence.

"L'apparence est une chose, la beauté en est une autre". L'objectif est toujours d'avoir une bonne apparence et de montrer notre meilleure image. Lorsque vous vous regardez dans le miroir, vous devez voir un homme attirant, élégant et bien habillé. Maintenant, qui pensez-vous qu'une femme choisira entre ces options, en considérant que vous êtes la même personne : vous avec une bonne apparence (bien habillé et avec un sourire) ou avec une apparence médiocre (maussade, malodorant et avec des vêtements démodés, vieux et déchirés) ? La réponse est assez évidente.

Les femmes passent des heures à se préparer et à se rendre belles tous les jours. Quand elles rencontrent un homme qui se soucie également de son apparence, elles apprécient vraiment et l'attraction se produit. À quoi sert-il d'avoir d'excellentes compétences de séduction, mais de s'habiller mal ? Vous devez être en accord avec l'image d'un Mâle Alpha dominant que vous transmettez. Pour cela, il est important de bien s'habiller et d'avoir un style masculin stéréotypé. Cependant, le facteur déterminant de votre succès, au-dessus de la mode, est votre attitude, car sans elle, vous n'êtes qu'un mannequin inutile.

"Être beau ou non" ne fait pas tant de différence lorsque l'on a une excellente apparence et une attitude forte. De même, il ne sert à rien d'être très beau et en même temps d'être faible, insécurisé, immature et sans attitude. Plus important que la beauté est l'apparence et, surtout, l'attitude d'un homme, d'un Mâle Alpha. Aimez votre apparence et investissez-y.

Maintenant, je vais énumérer quelques initiatives que vous pouvez prendre pour améliorer votre apparence. Allons-y !

Restez propre. C'est indispensable. Les femmes n'aiment pas quand les hommes sont mal habillés et, surtout, ont des "odeurs" désagréables. Prenez une douche au moins deux fois par jour, soyez toujours propre et parfumé - utilisez des lotions, des déodorants et des parfums, de préférence avec des arômes aphrodisiaques. Rasez-vous, taillez l'excès de poils des aisselles, de l'aine, du nez et des oreilles. N'oubliez pas de couper les ongles des pieds et des mains. Si vous préférez, faites l'épilation sur la poitrine.

Coiffure. Tous les hommes ont une forme de visage spécifique. Chaque forme favorise certains types de coupes de cheveux. Engagez un coiffeur pour identifier et réaliser la coupe de cheveux parfaite pour la forme de votre visage. Une manière simple d'identifier votre forme de visage est de prendre un bain long et chaud. En sortant du bain, regardez le reflet dans le miroir. À travers la vapeur, vous pouvez identifier la forme de votre visage. Faites un croquis du contour de votre visage dans le miroir et vous pourrez ainsi identifier s'il est "carré, rond ou triangulaire". Gardez cela à l'esprit lorsque vous choisissez un style ou une coupe de cheveux et, avant de couper, consultez un coiffeur sur le style idéal en fonction de la forme de votre visage. Si vous avez des entrées pour la calvitie à un stade avancé et que vous ne pouvez pas subir une greffe de cheveux pour le moment, le mieux à faire est de raser la tête et d'investir dans un style de barbe.

Mode et style. Investissez dans la mode et dans votre style. Le style vestimentaire est quelque chose d'extrêmement personnel. Indépendamment du style, la question principale est de bien s'habiller - si nécessaire, consultez un conseiller en mode. Peut-être que la chose la plus importante en matière de mode et de style concerne les mesures. Tout le monde sait à quoi ressemble un homme qui ne sait pas choisir la bonne taille. On dirait qu'il a emprunté les vêtements de son père ou qu'il a hésité à laver et qu'il semble maintenant un Hobbit portant des vêtements pour enfants. Et ce problème n'est pas exclusif aux hommes grands ; les hommes minces peuvent également être confrontés au problème de vêtements trop serrés. Prêtez attention à ces aspects et habillez-vous tous les jours comme si vous alliez participer à une fête. Vous verrez comment être très bien habillé affectera positivement et énormément votre jeu !

Pantalons. Tout dépend de la forme du corps et des préférences personnelles. Certains aiment les jeans très serrés, tandis que d'autres préfèrent un look plus confortable. Quoi qu'il en soit, la taille doit toujours être la bonne, le pantalon doit s'ajuster parfaitement ou avoir un léger jeu - jamais plus d'une taille au-dessus de la vôtre. Je suggère des jeans droits ou Slim Fit, car ils sont les plus polyvalents et s'adaptent à différents types de chaussures pour hommes. Un autre aspect important dans le choix d'un pantalon est la longueur. La plupart des marques proposent trois options de longueur : courte, régulière et longue - choisissez en fonction de votre taille. Le bas du pantalon doit toucher la chaussure ou la basket et avoir un petit pli à la fin.

Chaussures. Les chaussures pour hommes ont évolué plus lentement que les chaussures pour femmes. Certains des modèles que nous portons aujourd'hui sont apparus au XVIIe siècle et ont subi peu de modifications. Cela ne signifie pas qu'ils sont restés figés dans le temps. Le design des chaussures s'étend, les bouts prennent différentes formes, tantôt plus arrondis, tantôt plus carrés. La technologie aide à les rendre plus légers et plus confortables. Néanmoins, la base du design suit les lignes classiques. Les principaux types de chaussures pour hommes sont Oxford, Derby, Monk, Brogue, Mocassin, Loafer, Side

Gore, chaussures de sport et baskets. Découvrez quel style vous convient le mieux et vous procure le plus de confort.

Peacocking. Comme mentionné précédemment, le Peacocking implique l'utilisation d'un article ou accessoire plus extravagant qui fait en sorte que le joueur se démarque dans la foule, qui est nombreuse. Cela inclut le port de bagues, de bracelets brillants, de vestes en cuir, d'écharpes, de chemises voyantes, de lunettes de soleil et de nuit, de colliers qui descendent jusqu'au milieu de la poitrine et de chapeaux élégants, comme le panama blanc. N'utilisez pas de casquettes qui vous renvoient à des communautés ou des quartiers défavorisés, car elles ne véhiculent généralement pas une bonne image.

L'objectif du Peacocking est d'attirer l'attention d'une manière ou d'une autre, facilitant les approches. La vérité est que l'utilisation du Peacocking est facultative, mais de nombreux joueurs utilisent cette ressource pour se démarquer dans la foule. Le PUA le plus extravagant dans l'utilisation du Peacocking est sans aucun doute Mystery, suivi de Vince Kelvin. Le Peacocking est recommandé dans le jeu, à condition que vous vous sentiez à l'aise et confiant en le portant.

Lorsque vous exhibez votre Peacocking, il est courant que les femmes soient attirées par vous et veuillent interagir. C'est une situation assez courante. Imaginez qu'une fille intéressante s'approche et dise : "Wow, quel chapeau cool !" tout en le touchant. Profitez de cette opportunité pour appliquer un Neg et taquiner un peu, par exemple : "Merci, mais ne touchez pas... chaque contact sur la marchandise coûte 80,00 € !" - comme si elle ne pouvait tout simplement pas vous toucher. Dites cela avec un sourire et continuez le jeu.

Se vous aimez un style décontracté, comme le sport chic, il est important de savoir assortir les couleurs. Rappelez-vous d'utiliser au maximum trois couleurs, y compris le pantalon, la chemise, la veste et les chaussures. Le style préféré des PUAs est le sport chic - sapatênis, jean, chemise à col "V", chemises Slim, polos et quelques Peacockings comme des bagues, des colliers, des bracelets, entre autres.

Un excellent livre que je recommande, surtout pour les praticiens du jeu, est "Brad's Fashion Bible" de Brad P. Comme son nom l'indique, il est considéré comme la "Bible de la mode". Ce livre est très intéressant car il aborde plusieurs concepts sur la manière de s'habiller pour susciter l'attraction chez les femmes, tout en soulignant l'importance d'être en accord avec son image et d'autres questions pertinentes. Une autre recommandation précieuse est le livre "Alô, chics!: etiqueta contemporânea!" de la consultante et spécialiste de la mode au Brésil, Gloria Kalil.

Traitements esthétiques. Investissez dans des traitements esthétiques pour prendre soin de votre peau, de vos dents et de vos cheveux. Gardez toujours à l'esprit que votre apparence a un impact direct sur votre estime de soi et, par conséquent, sur le jeu. Vous serez surpris de la différence que cela fera dans vos approches. Reconnaissez l'importance de prendre soin de vous et valorisez chaque détail de votre image. En investissant dans des traitements esthétiques, vous renforcerez votre confiance en vous et améliorerez votre présence. N'oubliez pas que vous méritez de vous sentir bien en tout temps. En investissant dans votre propre image, vous transmettrez une aura de confiance et d'attraction. Les gens remarqueront cette énergie positive autour de vous et seront attirés par votre présence. Vous verrez la différence que tout cela fera dans votre jeu.

LANGUAGE CORPORELLE, VOIX ET EXPRESSION FACIALE

La majeure partie de notre communication se fait à travers le langage corporel, le ton de la voix, les mouvements et les gestes. Toutes ces choses ensemble, comme les expressions faciales, l'intonation de la voix, la vitesse de la parole, la façon dont tu te positionnes dans le monde, comment tu maintiens le contact visuel, à quelle vitesse tu te déplaces, et même notre respiration, en disent long sur qui tu es.

Réduis tes mouvements. Parle... plus lentement... et sois... plus expressif ! Le problème de nombreux hommes qui deviennent nerveux près de femmes attirantes est réel et doit être affronté. Le langage corporel joue un rôle essentiel dans la séduction, car les gens peuvent percevoir si tu es nerveux rien qu'en te regardant et en observant tes mouvements subtils, comme la façon dont tu marches, bouges les bras, les jambes et comment tu regardes. Si tu es nerveux, automatiquement la femme le ressentira aussi, car les êtres humains ont tendance à refléter les émotions les uns des autres.

On appelle ça le "mirroring", qui consiste à imiter les gestes, expressions faciales, la posture corporelle et même le rythme respiratoire de l'autre personne. Cette stratégie crée une résonance avec l'interlocuteur et transmet un message subliminal d'acceptation et de connexion. Les psychologues utilisent cette technique dans leur pratique clinique, et certains "PUAs" l'appliquent également dans la communauté de séduction.

Maintenant, je vais t'instruire sur comment utiliser ton langage corporel, ta voix et ton expression faciale pour obtenir des résultats dans le jeu.

Voici quelques conseils :

Sois détendu, mais garde une posture "Alpha". Quand tu deviens un Mâle Alpha, tout en toi change : ta façon de t'habiller, de parler, de te déplacer et de te comporter. En ce qui concerne le langage corporel, tu transmettras une image de confiance, de domination et de détente à travers des gestes subtils.

Incline-toi en arrière. En te penchant sur ta chaise ou contre un mur, la tendance est que la femme s'incline vers toi et cherche ton attention - exactement ce que tu veux. Celui qui est détendu et incliné démontre un pouvoir plus grand dans la dynamique de la relation. Pratique toujours de t'incliner en arrière et d'être détendu.

Améliore ta façon de marcher. En plus de ton style vestimentaire, la manière dont tu te déplaces en dit long sur toi. Marcher voûté, la tête basse et une expression sérieuse ne sont pas favorables. Marche en souriant - oui, c'est une habitude à pratiquer - et maintiens ton corps droit. Redresse les épaules (la poitrine) et ne marche jamais voûté. Cela doit devenir naturel, et ta démarche doit transmettre de la confiance. Corrige ta posture et commence à marcher comme un homme dès maintenant.

En abordant de manière indirecte, ouvre les groupes par-dessus l'épaule. Cela peut être un peu difficile à démontrer simplement dans un livre. C'est comme si tu passais à côté de quelqu'un et, soudainement, décidais de dire quelque chose à cette personne ou à ce groupe. Tourne ton cou en direction du groupe, comme si tu étais simplement de passage. Après avoir été accepté par le groupe, tourne le reste de ton corps vers eux. C'est une technique classique enseignée par Mystery.

Abandonne la posture voûtée. C'est crucial. La solution à ce problème (surnommé "cou d'autruche") est l'autodiscipline. Lorsque tu discutes debout avec une femme, reste où tu es (avec la tête haute) et permets-lui de s'incliner vers toi - ces gestes subtils indiquent qui détient plus de valeur dans l'interaction. Tu peux également envoyer un "neg non verbal" à ta cible, diminuant la valeur de la femme à travers ton langage corporel. Quand un homme est "intéressé", il se penche vers elle, oriente son corps vers elle et tourne ses pieds dans sa direction. En ne faisant pas cela, ou même en lui tournant le dos, même inconsciemment, tu envoies un "neg non verbal" à ta cible.

Parlez plus fort. Il m'a fallu des années pour découvrir cela, et en résumé, j'ai appris que nous devrions parler d'un ton plus élevé que d'habitude. Il est scientifiquement prouvé que les gens prêtent plus d'attention quand quelqu'un parle à un volume supérieur à la normale. Je ne dis pas de crier (d'ailleurs, ne criez jamais), mais plutôt de parler avec plus d'intensité. Quand nous parlons trop bas, les gens perdent leur intérêt, ressentent un manque de confiance en vous et ne montrent pas d'intérêt pour poursuivre la conversation. En revanche, lorsque vous parlez naturellement avec un ton plus fort, ils manifestent plus d'intérêt dans l'interaction et vous devenez le centre de l'attention.

Parlez plus lentement. Parler trop vite transmet de l'insécurité et de l'anxiété, en plus d'être irrespectueux en ne permettant pas aux autres de s'exprimer. Lovedrop, dans le livre "Révélation", a révélé un grand secret : "parlez de manière ferme, articulée et claire, avec une voix profonde et puissante provenant de votre diaphragme". Vous n'avez aucune idée du pouvoir que cela a dans la séduction. Ajustez votre voix. Je ne dis pas de faire semblant d'avoir une "autre voix" - en aucun cas. Je vous dis de découvrir votre "vraie voix" (cette voix ferme, vibrante et assurée) et de l'utiliser à votre avantage.

Faites des pauses. Les femmes prêteront plus d'attention à vos paroles lorsque vous parlerez de cette manière - pas seulement les femmes, mais n'importe qui. Ralentissez considérablement votre débit de parole - c'est un concept clé dans la séduction. En plus de parler lentement, il est essentiel de regarder dans les yeux de la femme. Le pouvoir de cela est étonnant ! C'est comme si vous pénétriez dans son âme, car elle plongera indiscutablement dans votre regard, percevra votre confiance et ressentira de l'attraction.

Parlez avec enthousiasme. C'est une autre caractéristique que vous devez incorporer à votre façon de parler. "Quand vous montrez un enthousiasme pour ce que vous dites, comme si c'était la chose la plus incroyable du monde, elle le croira et le ressentira aussi" (Lovedrop). En utilisant beaucoup d'enthousiasme dans votre discours, les gens réagissent de manière plus positive à votre égard. En plus d'utiliser des pauses en parlant, faites un usage expressif des expressions faciales. Faites des gestes avec les mains et soyez très expressif en parlant - cela fonctionne vraiment. Montrez de l'enthousiasme en parlant aux gens et souriez toujours (c'est de la psychologie et scientifiquement prouvé). Soyez émotionnellement expressif avec votre visage et vous obtiendrez des résultats beaucoup plus satisfaisants.

En résumé : parlez plus fort que d'habitude, adoptez une ambiance contagieuse et gardez un sourire sur votre visage - tout cela simultanément. Cela demande beaucoup de pratique, et si vous vous entraînez quotidiennement, vous pourrez atteindre la "perfection" ou quelque chose s'en approchant. En agissant de cette manière, vous aurez la capacité d'attirer les femmes et d'influencer n'importe qui.

LE JEU

"Ne hais pas le joueur... Hais le jeu."

(Neil Strauss)

La séduction est un jeu. Celui qui est confiant, possède une personnalité forte et maîtrise les compétences sociales est celui qui conquiert les femmes.

L'art de la séduction n'est pas quelque chose de nouveau. Depuis des temps immémoriaux, elle existe et est pratiquée. Deux des mythes les plus connus du monde occidental sont Don Juan et Giacomo Casanova. Le premier est un personnage légendaire, tandis que le second a réellement existé.

La légende raconte que Don Juan a séduit et assassiné une jeune fille de famille noble en Espagne, en plus d'avoir tué son père. Plus tard, il trouve une statue du père de la jeune fille dans un cimetière et l'invite à dîner. La statue demande à serrer sa main, et quand Don Juan tend le bras, il est entraîné en enfer. Le premier conte à enregistrer l'histoire de Don Juan, selon les érudits, était "El burlador de Sevilla y convidado de piedra" (traduit dans plusieurs langues). Don Juan continue d'être présent dans la littérature jusqu'à nos jours.

D'un autre côté, Giacomo Casanova (dont le vrai nom était Giacomo Girolamo Casanova) était une figure réelle et a vécu une vie de plaisirs sexuels que peut-être aucun autre homme au monde n'a atteint. Il est né à Venise, en Italie, en 1725, et est décédé à Dux, en Bohême (région historique de l'Europe centrale, occupant les deux tiers occidental et central de l'actuelle République tchèque), en 1798. Casanova était un écrivain et aventurier renommé, bien qu'il soit surtout connu pour sa vie débauchée. Il fréquentait les palais et les bordels, échappait aux prisons (accusé de possession de livres interdits, de conspiration contre l'État ou de pratiques frauduleuses), vivait des amours et des aventures galantes avec des aristocrates, des femmes du peuple et des religieuses - il a même eu une liaison homosexuelle à Constantinople. De plus, il a écrit un roman, a exercé la fonction d'abbé et de militaire, et s'est aventuré dans l'alchimie et la cabale.

Casanova a consacré ses dernières années à l'écriture d'un roman appelé "Isocameron" et, surtout, à la rédaction de ses mémoires intitulées "Histoire de ma vie" - un livre écrit en plusieurs volumes (environ 3 700 pages) en français, qui est un témoignage fascinant de l'époque. Dans ses 28 volumes de mémoires, Giacomo Casanova prétend avoir couché avec des centaines de milliers de femmes tout au long de sa vie. Actuellement, ses écrits sont entre les mains de la Bibliothèque nationale de France.

Indiscutablement, Giacomo Casanova et même Don Juan ont servi d'inspiration à de nombreux séducteurs contemporains. Cependant, les temps ont changé, et la façon de comprendre la conquête a également évolué. Aujourd'hui, la séduction est vue comme un jeu, et le terme est largement utilisé par les Artistes de la Séduction du monde entier.

Le terme "Le JEU", se référant à "l'art de la séduction", a été popularisé par Neil Strauss, connu dans la communauté internationale de la séduction sous le nom de Style. Des maîtres de la séduction, tels que Mystery, le magicien ; Ross Jeffries, l'hypnotiseur ; Rick H., l'homme d'affaires prospère ; David DeAngelo, le courtier immobilier ; Juggler, le comédien ; David X, l'ouvrier ; Steve P., le séducteur puissant ; Badboy, le Croate dominant, et d'autres grands séducteurs ont acquis une renommée mondiale grâce à la publication de l'œuvre de Strauss.

Ils forment une communauté secrète aux États-Unis, et ce monde est devenu si connu que leurs travaux ont été traduits dans de nombreuses langues à travers le monde. Le livre que vous avez maintenant entre les mains est le résultat de la propagation du "Pickup" à travers le monde, et mon objectif est de le diffuser pour que les hommes puissent transformer leur vie et conquérir ce qu'ils désirent dans le domaine des relations.

En d'autres termes, vous possédez maintenant une "arme" puissante pour séduire les femmes. Cependant, utilisez-la pour le bien et jamais pour le mal. Soyez honnête avec les femmes, car c'est la meilleure chose à faire.

La communauté de séduction au Brésil est l'une des plus importantes en Amérique latine et continue de croître. Il est indéniable que c'est à travers elle et d'autres travaux répandus dans le monde que le PUA s'est propagé. Des hommes ayant des difficultés sérieuses dans l'univers féminin s'inscrivent sur ces forums quotidiennement, et progressivement, des milliers de personnes s'impliquent dans ce monde de la séduction.

Le Pickup est plus qu'un simple ensemble de techniques ; c'est un style de vie. C'est une philosophie où vous découvrez votre meilleur intérieur et l'exprimez aux personnes autour de vous. Vous vous transformez en un homme décomplexé, confiant, amusant, audacieux et séducteur - vous devenez un Mâle Alpha (nous en parlerons plus dans le prochain chapitre). Vous devenez un véritable aimant pour les femmes, tant par votre façon de vous habiller, de parler que par votre comportement. Comme Mystery l'a dit un jour : "Il ne s'agit pas seulement de séduire des femmes... il s'agit de construire une vie".

Le jeu en lui-même est un ensemble d'actions que le joueur réalise dans le processus de séduction pour atteindre ses objectifs avec les femmes. Avant de sortir, le joueur doit être si bien avec lui-même qu'il soit capable de séduire et de persuader n'importe quelle femme ou personne qu'il rencontre dans la rue. Comme mentionné dans le chapitre sur le "Inner Game", votre jeu interne joue un rôle crucial dans le jeu de la séduction.

Le jeu consiste principalement en des "approches froides" et un "cercle social". Comme nous le verrons dans le chapitre sur le "cercle social", la combinaison de ces deux types de jeu amènera une multitude de femmes dans votre vie. Les approches froides consistent à sortir de chez soi, à quitter sa "zone de confort" et à séduire des femmes attirantes où qu'elles soient - que ce soit simplement pour avoir des relations sexuelles avec elles ou pour trouver une femme avec qui vous souhaitez avoir une relation sérieuse.

La "sarge" consiste à sortir sur le terrain, en utilisant ou non des "openers" pour initier des conversations avec des groupes, "hooker" le groupe, créer de l'attraction et établir un rapport avec votre cible, l'isoler du groupe et conclure par un baiser (les significations des termes inconnus dans ce paragraphe sont décrites ci-dessous - consultez le glossaire complet des termes et jargons de la communauté internationale de séduction à la fin de ce livre).

Sarge : Terme inventé par Ross Jeffries qui signifie la pratique du jeu.

Terrain : Lieux où le jeu peut être pratiqué, tels que les bars, les boîtes de nuit, les centres commerciaux, les rues, les transports en commun, etc. Tout endroit où l'on peut rencontrer des femmes attirantes et pratiquer le jeu.

Opener : Phrase, geste ou mot utilisé pour initier l'interaction avec un groupe. Les plus populaires sont les openers d'opinion (popularisés par Style) et les soi-disant "situations" (questions ou commentaires sur la fête, l'environnement, etc.).

Ouvrir : Aborder un groupe, que ce soit directement ou indirectement, pour commencer le jeu.

Set : Un groupe composé de femmes ou de femmes et d'hommes (groupe mixte). Un 2-Set est formé de deux personnes ; un 3-Set est formé de trois personnes, et ainsi de suite.

Hooker : Le groupe est "hooké" lorsque vous êtes bien accueilli et accepté par eux. C'est le moment où vous êtes accepté dans le groupe et où les gens ne veulent plus que vous partiez.

Obstacle : Ce sont les autres personnes du Set dans lesquelles se trouve votre cible, pouvant être des hommes (appelés généralement "Amog's" ou "Mag's", signifiant "Mâles Alpha du Groupe") et des femmes, ou seulement des femmes. La règle de base est de conquérir d'abord les obstacles pour qu'ils vous acceptent et vous aident à conquérir la cible.

Rapport - C'est la phase de la séduction où une 'connexion émotionnelle' est établie avec la femme (également connue sous le nom de 'confort'), à travers des conversations, le partage d'histoires, la découverte d'intérêts communs et d'autres artifices. L'objectif est de créer la sensation que vous vous connaissez depuis longtemps et avez des affinités. Le rapport est le lien construit entre vous et la femme après avoir exécuté un jeu efficace.

Cible - La cible est la femme qui suscite votre intérêt, qu'elle soit seule ou en groupe. C'est la femme pour laquelle le joueur est intéressé.

Isoler - Consiste à emmener temporairement la femme (votre cible) dans un endroit éloigné de ses amis, bien qu'ils puissent toujours la voir ou savoir de sa présence à l'endroit.

Day2 - C'est le jour où vous rencontrez la femme pour la deuxième fois et il y a une plus grande probabilité que le sexe se produise.

Fermer - La fermeture est la 'finalisation' d'une étape du jeu de séduction. Cela peut impliquer d'obtenir le numéro de téléphone de la fille, de l'embrasser, ou au maximum, d'avoir des relations sexuelles.

Pour poursuivre... Le sexe peut ou non se produire le même jour, et il n'est pas toujours possible de l'isoler ou de l'embrasser immédiatement, en raison de diverses circonstances. Dans ces situations, le joueur prend note de son numéro de téléphone et organise un Day2. Le cercle social sera expliqué de manière plus détaillée dans le chapitre qui lui est consacré.

N'importe quel homme peut devenir un joueur, mais tous n'ont pas le courage de se transformer de cette manière. Ceux qui croient en eux-mêmes y parviennent toujours, comme le dit la chanson de Renato Russo, un défunt chanteur et compositeur brésilien d'un célèbre groupe de rock des années 80.

Quand vous plongez tête première dans le jeu, vous pouvez ne pas être bien vu par la famille et même par les amis d'enfance. Parfois, les gens peuvent penser que vous êtes 'fou' - oui, fou. Mais cela n'a absolument rien à voir avec la vérité. Depuis quand vivez-vous pour plaire aux autres ? Être audacieux et séduire des femmes n'est pas de la folie ; au contraire, c'est amusant, intéressant et plaisant.

La pratique du jeu dans la communauté de séduction a donné lieu à de nombreuses 'techniques et méthodes de séduction'. Un joueur peut choisir d'utiliser ou non ces techniques, variant d'une méthode à l'autre. Selon Mystery, peu importe la méthode, toute séduction passe par trois phases :

attirance, confort et séduction. Vous n'aurez pas de relations sexuelles avec une femme si vous ne traversez pas ce processus. Ces étapes sont rapides dans le jeu direct, mais peuvent prendre un peu plus de temps dans le jeu indirect (pouvant se concrétiser en quelques minutes ou jours). Ces phases seront explorées plus clairement tout au long des chapitres de ce livre.

Fondamentalement, il existe trois types de jeux dans la séduction : le Direct (jeu direct), l'Indirect (jeu indirect) et le soi-disant 'naturel' (jeu naturel, sans l'utilisation de méthode spécifique).

Dans la méthode indirecte, en résumé, vous abordez les groupes de manière indirecte, utilisant généralement des Openers basés sur des opinions ou des situations, jusqu'à la transition et l'acceptation dans le groupe. Dans la méthode directe, vous vous approchez directement de votre cible et exprimez votre intérêt sexuel immédiat pour elle. Autrement dit, c'est un type de jeu où vous montrez un intérêt sexuel de manière directe. En revanche, dans le jeu naturel, vous êtes simplement 'vous-même' et agissez naturellement, générant de l'attraction.

Il y a une grande différence entre un joueur naturel et un homme ordinaire. Le joueur naturel séduit les femmes de manière spontanée, démontrant être un Alpha dans sa manière de parler, de se positionner, etc., de manière authentique. En revanche, l'homme 'ordinaire' ne comprend pas ce que signifie être un Alpha et, agissant simplement de manière 'naturelle', n'obtient pas de résultats satisfaisants, car il n'active pas les 'boutons d'attraction' chez les femmes.

TECHNIQUES DE JEU

Certaines techniques de séduction sont universelles et largement reconnues comme "authentiques" par la communauté séductrice du monde entier. Je vais maintenant présenter les principales techniques de séduction internationalement reconnues.

Push & Pull : Cette technique est largement utilisée par les PUAs du monde entier. "Push" signifie éloigner la femme, non pas physiquement, mais par des mots ou des actions indiquant le désintérêt. Quant au "Pull", c'est l'opposé du "Push". Lorsque vous montrez de l'intérêt ou flirtez avec elle, vous faites du "Pull". Le Push & Pull consiste à montrer de l'intérêt et du désintérêt en même temps, généralement pour créer et renforcer l'attraction. Cette technique a été développée par Joshua Seltzer, connu sous le nom de "Swinggcat" dans la communauté de séduction.

Body Rocking : Le Body Rocking, également appelé roll-off, est une technique qui implique un mouvement corporel donnant l'impression que vous vous éloignez de la cible. C'est une restriction physique. L'objectif est de donner l'idée que vous êtes sur le point de partir (au début de l'approche) ou que vous n'êtes pas si intéressé (en vous tournant sur le côté ou en regardant par-dessus l'épaule pendant une conversation).

Fausse contrainte de temps : Aussi connue sous le nom de "fausse contrainte de temps", cette technique est utilisée dans le jeu indirect et consiste à dire quelque chose à la femme qui donne l'impression que vous resterez dans le groupe pendant une courte période. L'objectif est de la rassurer sur le fait que vous, qui venez de la rencontrer, ne resterez pas longtemps. En faisant cela, la femme baisse sa garde protectrice, vous permettant ainsi de jouer votre jeu. Après quelques minutes, l'attraction est établie et elle s'intéresse à vous, ne voulant plus que vous partiez. Lorsque le joueur reçoit des signaux d'intérêt de la femme, nous appelons cela des "indicateurs d'intérêt" (IDI), terme largement répandu dans la communauté de séduction.

Synesthésie : Cette technique consiste à amener la femme dans un état de conscience où on lui demande de créer des images et des sensations agréables, souvent en utilisant des schémas de langage de la PNL. À travers des conversations, des sensations et des métaphores, la femme est stimulée sexuellement, associant ces plaisirs à vous. Il s'agit d'une technique puissante d'induction sexuelle et est largement utilisée dans la méthode Speed Seduction développée par Ross Jeffries.

Escalade de Kino : "Kino" est une abréviation de "kinesthésique", lié aux sensations physiques. "Kinar" signifie toucher la femme. Sans toucher la femme, vous n'obtiendrez pas de résultats. L'escalade de Kino est utilisée par tous les joueurs, quel que soit leur style de jeu. Les femmes sont sensibles au toucher, et cette technique consiste à "escalader" progressivement le toucher à la femme, commençant par des touches rapides sur le bras, l'épaule, le dos, la taille, les cheveux (pendant la conversation), et finalement, en fermant avec un baiser. Il existe une autre forme de Kino, connue sous le nom de "Purekino", préconisée par Mehow. Il s'agit d'une forme intense d'escalade physique, où vous entrez dans les groupes en touchant plusieurs personnes en même temps, combinée à une vibration incroyable, créant une connexion instantanée avec tout le groupe.

Cocky & Funny (C&F) : Cette technique a été créée par David DeAngelo et est fantastique pour jouer avec les émotions des femmes. Le Cocky & Funny consiste à agir de manière "drôle et arrogante". C'est une technique qui mélange l'arrogance et l'humour de manière amusante, dans le but de créer et d'augmenter l'attraction des femmes pour vous. En utilisant cette technique, vous communiquez un statut élevé avec votre commentaire "arrogant", la faisant rire (cherchant ainsi l'acceptation sociale et la connexion avec vous), et vous souriez au lieu de rire, transmettant que vous avez un statut élevé et ne cherchez pas d'approbation. La combinaison de tout cela génère une attraction pour vous.

Neg : Le Neg est une technique classique créée par Mystery. Il consiste en une phrase subtile ou un commentaire humoristique dans le but de réduire la "garde" ou l'estime de soi élevée des femmes très attirantes, générant ainsi de l'attraction pour vous. Le Neg doit être utilisé de manière amusante, la laissant légèrement embarrassée ou dans une situation gênante. Il est important qu'il semble naturel et décontracté, comme s'il s'agissait d'un commentaire drôle et accidentel. Par exemple : "J'aime ta robe... c'est joli. Cette semaine, j'ai vu trois femmes avec la même robe... ça doit être à la mode". En ce qui concerne les mannequins, Mystery suggère l'utilisation de trois Negs dès le début, afin qu'elle baisse sa garde et réalise que sa beauté ne vous affecte pas. Cependant, il faut faire preuve de prudence lors de l'utilisation des Negs, car ils peuvent être puissants, mais aussi nuire à votre jeu. N'oubliez pas que l'objectif est simplement de faire tomber son "bouclier de protection" et de démontrer votre valeur.

Démonstrations de Valeur Supérieure : Les Démonstrations de Valeur Supérieure (DVS) sont une technique utilisée pour montrer indirectement aux femmes des qualités masculines universellement attrayantes, telles que la pré-sélection, le leadership, la protection des proches et l'émotion. Pratiquement tout artiste venusien utilise cette technique, et ces démonstrations doivent être authentiques, car les femmes sont perceptives et toute incohérence avec votre personnalité ruinerait votre jeu. Selon Mystery, la "valeur" est le bouton d'attraction le plus puissant chez les femmes, et si vous parvenez à la démontrer, elles seront attirées par vous.

Contrôle de Cadre : Le Cadre est l'état mental ou la subcommunication que vous transmettez aux gens lorsque vous parlez avec eux (qui est plus dominant dans cette interaction ou relation ?). C'est la première impression que les gens ont de vous. En général, les premières 30 secondes sont cruciales pour définir l'image qu'elle aura de vous. Le contrôle de cadre est une technique utilisée par les joueurs pour transmettre l'image d'être un prix dans le jeu. Le cadre est défini par une série de facteurs tels que la langage corporel, la preuve sociale, le style vestimentaire, entre autres.

Preuve Sociale : La Preuve Sociale, également connue sous le nom de "Social Proof", est l'une des caractéristiques les plus importantes dans le jeu et les dynamiques sociales. Les femmes sont des êtres très sociables et sont attirées par des hommes socialement habiles. Vous devez être le gars le plus populaire dans l'endroit (ou devenir populaire), interagir avec beaucoup de gens et être bien accueilli par tous. Vous devez être une personne sociable, charismatique, agréable, connaître et parler à tout le monde. Lorsque les femmes vous voient parler à d'autres femmes et à de nombreuses personnes, elles s'intéressent à vous et, par conséquent, sont attirées.

Peacocking : Peacocking est un terme anglais qui signifie "agir comme un paon". Les paons exhibent un rituel complexe d'accouplement, dans lequel la queue extravagante du mâle joue un rôle important. Dans le monde de la séduction, ce n'est pas très différent. La façon dont un homme s'habille n'est pas le facteur principal de la séduction, mais cela ne peut pas être ignoré non plus. Peacocking est une technique simple : porter un vêtement ou un accessoire intéressant et différent, qui se démarque du reste de votre look et, par conséquent, vous met en valeur dans la foule. Cela peut être une chemise brillante, des bijoux voyants, des colliers, des chapeaux exotiques, des manteaux de fourrure, des bagues, des bracelets, des boucles d'oreilles, entre autres. Quelque chose qui attire l'attention sur vous et vous distingue au milieu de la foule.

Qualification : Cette technique consiste à faire en sorte que la femme se "qualifie" pour vous en énumérant les qualités ou attributs qui la rendent intéressante. Vous pouvez poser des questions comme "Qu'est-ce qui, outre la beauté, pourrait rendre un homme intéressé par vous ?" ou "Dites-moi deux grandes qualités sur vous qui vous différencient des autres femmes". En agissant ainsi, vous donnez l'impression qu'elle doit se qualifier pour vous, cherchant votre approbation, et vous devenez le prix.

Voix de Commandement – La Technique de la Voix de Commande utilise le mode impératif de la langue portugaise, qui exprime des ordres, des décisions, des orientations ou des conseils aux femmes. C'est une imposition subtile, mais ne doit pas être autoritaire, plutôt d'une manière confiante et amusante.

RÈGLES DU JEU

Maintenant, permettez-moi de vous présenter quelques règles fondamentales du jeu. Concentrez-vous sur ces règles, car elles feront toute la différence dans vos résultats et interactions avec les femmes.

Pratiquez inlassablement. La pratique est la clé. Jouez tous les jours, si possible. Réservez quelques heures par semaine pour sortir et pratiquer sur le terrain. Ne vous inquiétez pas trop des résultats au début, car ce dont vous avez besoin, c'est d'acquérir de l'expérience, beaucoup d'expérience, jusqu'à atteindre la calibration. Il est nécessaire de perdre la peur d'aborder des femmes extrêmement belles, et seule la pratique permettra que cela se produise. Devenez un homme confiant et sociable grâce à la pratique du jeu.

Restez propre. Vérifiez toujours votre hygiène. Gardez vos dents propres, une haleine fraîche et utilisez du déodorant et du parfum quotidiennement. Prenez une douche au moins deux fois par jour, changez vos sous-vêtements quotidiennement (croyez-moi, il y a des hommes qui ne le font pas), portez des vêtements propres et bien repassés. Coupez vos ongles et taillez les poils des aisselles, du nez et des oreilles. Taillez régulièrement votre barbe. Soyez un homme propre et hygiénique, littéralement.

Investissez dans la mode et attirez l'attention. Développez un style qui ne peut pas être ignoré. Il existe plusieurs façons d'exercer le pouvoir et d'attirer les regards sur soi. La sixième loi des "48 lois du pouvoir" de Robert Greene le laisse bien entendu : "Attirez l'attention à tout prix". S'habiller de manière différente et intéressante est une stratégie efficace pour attirer les gens. Souvent, lorsque j'étais sur le terrain, j'ai entendu des femmes commenter directement sur mon style. Donc, investissez dedans. Achetez de nouveaux vêtements et habillez-vous avec un style qui ne peut pas être ignoré. Lisez des livres sur la mode et cherchez toujours à améliorer votre façon de vous habiller.

Abordez autant de groupes que possible. Supposons que vous puissiez sortir de chez vous quatre fois par semaine. À chaque occasion, abordez environ 15 groupes (c'est une quantité raisonnable ; si vous pouvez en aborder plus, tant mieux). En calculant : 4 x 15 = 60 groupes par semaine. En continuant le raisonnement : 4 semaines x 60 groupes = 240 groupes par mois. Cela représente environ 2 880 groupes en un an. Autrement dit, en un an, vous avez abordé environ 2 880 femmes, voire plus. Cette seule pratique fera de vous une "machine d'approche" - c'est l'objectif de tout PUA (Artiste de la Séduction). Cela peut sembler une tâche difficile à atteindre, mais avec beaucoup de pratique et d'efforts, n'importe qui peut y arriver. C'est comme un art : seule la pratique vous mènera à la perfection. Vous devez vraiment pratiquer, pratiquer et pratiquer - toujours. Abordez des groupes chaque fois que vous avez l'occasion de vous approcher de femmes.

Appliquez la "règle des trois secondes". Créée par Mystery, la "règle des trois secondes" consiste à ne pas permettre à votre cerveau de vous tromper. Lorsque vous repérez une belle femme, allez simplement vers elle et abordez-la - sans penser à rien. Allez-y et abordez-la. C'est crucial, car en agissant de cette manière, vous n'autorisez pas votre cerveau à vous rendre anxieux et nerveux avant même d'aborder votre cible. En appliquant cette règle, vous éliminerez la peur et agirez naturellement. Par conséquent, appliquez toujours la règle des trois secondes ! Alors, arrêtez d'attendre le moment parfait pour vous approcher ou inviter une femme à sortir - le moment parfait n'existe pas. Allez simplement là-bas et parlez-lui. Êtes-vous un homme ou un lâche ? Je suis sûr que vous êtes un homme... Alors, allez-y et honorez votre masculinité !

Approchez-vous des femmes avec une énergie contagieuse, environ 20 % plus intense que celle du groupe. Votre énergie ne doit pas être exagérée, mais il est crucial qu'elle soit plus élevée. Les femmes étant des êtres émotionnels, il est essentiel d'impactar la façon dont elles se sentent. En interagissant avec des groupes, commencez la conversation avec un sourire, transmettant tranquillité, confiance et confort. La première impression est fondamentale. Si vous approchez le groupe avec une énergie basse, une expression sérieuse ou un visage fermé, soyez assuré que l'accueil ne sera pas positif. Jusqu'à ce que vous entriez dans le groupe, vous êtes un "étranger", vous devez donc montrer que vous êtes amusant, positif et bien dans votre peau. Avec le temps, vous vous calibrerez davantage par rapport à votre énergie lors de l'approche des groupes. Donc, pratiquez toujours en commençant les conversations avec un sourire.

Ne vous concentrez pas sur sa beauté. Complimentez sa personnalité et ses vêtements, mais ignorez sa beauté. Évitez de parler de son apparence, du moins jusqu'à ce que vous la conquériez, et même alors, soyez modéré. L'une des plus grandes erreurs que beaucoup d'hommes commettent est de trop complimenter la femme sans qu'elle ait montré quelque chose digne de compliments. Quand un homme approche une fille et dit : "Hé, tu es magnifique !", la plupart du temps, c'est "game over". Il a perdu le jeu là-même. N'insistez pas : la femme vous verra simplement comme un autre homme qui la complimente, la flatte et la met sur un piédestal. Je ne dis pas que vous ne pouvez jamais la complimenter, mais je souligne que vous devez le faire au bon moment. La raison en est qu'elle est habituée à recevoir des compliments depuis l'enfance. Donc, vous pouvez la complimenter, mais seulement au moment approprié, en mettant en avant ses vêtements (par exemple, son style) et des aspects de sa personnalité. Il y a une grande différence entre dire : "Wow...

tu es magnifique !" et "Waouh... cette robe te va incroyablement bien !". J'espère que ce message est clair.

Parlez fort, lentement et avec des pauses. Comme déjà mentionné dans un précédent chapitre, soignez votre voix lorsque vous communiquez avec une femme et parlez plus lentement. Il a été scientifiquement prouvé que les femmes sont attirées par les hommes qui ont une voix grave et ferme. Si nécessaire, recherchez les conseils d'un spécialiste pour améliorer cela. Le secret réside dans "parler... avec des pauses... et regarder dans les yeux de la femme... de manière intrigante... et séductrice". Utilisez une voix profonde et puissante, qui vient du diaphragme, et évitez de parler rapidement. L'impact est impressionnant ! Je parlerai plus en détail de ce sujet dans le chapitre sur la communication non verbale, la voix et l'expression faciale.

Regardez dans les yeux. Mon ami, il est crucial que vous regardiez la femme dans les yeux ! Les personnes insécurisées évitent généralement le contact visuel, et cela ruine l'attraction. Alors, oubliez sa beauté – vous regardez dans ses yeux parce que vous n'avez pas peur de sa beauté. Peu importe comment elle est. Regardez-la avec calme et confiance. Montrez que vous êtes un homme intrépide, qui n'a peur de rien, encore moins d'une femme.

Touchez-la. Une des plus grandes erreurs que de nombreux hommes commettent est de ne pas toucher la femme. Et quand ils essaient de l'embrasser soudainement, que se passe-t-il ? BOOM... Ils sont rejetés et cela crée une situation inconfortable pour les deux. Progressez dans le toucher physique de manière progressive et naturelle. Certains livres traditionnels de séduction abordent ce concept, mais il semble que certains hommes ne le comprennent toujours pas. Vous devez toucher la femme... Toujours ! Commencez par des touches subtiles sur les mains, les épaules, les coudes... et progressez peu à peu. Avec le temps, vous la prendrez dans vos bras, tiendrez sa taille et, finalement, l'embrasserez. Il est important de se rappeler qu'au début, ces touches doivent être rapides, comme si c'était la chose la plus naturelle au monde. Et en fait, c'est le cas ! Progressant graduellement, au moment du baiser, la femme ne vous rejettera pas, mais au contraire, vous la tirerez plus rapidement vers elle pour l'embrasser, car elle sera déjà habituée à votre contact.

Conversez de manière détendue. Lorsque vous interagissez avec des femmes, soyez naturel comme si vous discutiez avec un vieil ami. Croyez-moi, les femmes ne sont pas des êtres d'une autre planète ou des entités intangibles - il est temps de chasser cette idée de votre esprit. Ce sont des êtres humains, avec leurs imperfections, leurs désirs et leurs défauts, tout comme vous. Agissez naturellement en parlant aux femmes, sans attentes ni en espérant quelque chose en retour. Soyez sociable simplement pour être sociable, sans arrière-pensée. Ainsi, lorsque vous discutez avec des femmes incroyables, sentez-vous confiant et à l'aise, comme si vous parliez à un vieil ami. Vous remarquerez la différence.

Ne réagissez pas de manière impulsive. Ne permettez jamais aux pressions sociales de vous affecter émotionnellement - sentez-vous confiant et en contrôle. Ne vous souciez pas des critiques ou des gens qui vous observent. N'ayez pas peur de vous sentir gêné. Soyez vous-même, un homme sûr de lui et indépendant, indifférent aux opinions des autres. Comportez-vous comme si vous étiez le maître des lieux !

Votre valeur doit être égale ou supérieure. Votre valeur ne peut jamais être inférieure à la sienne. C'est un concept essentiel lié au "frame" - vous devez être la récompense, pas elle, et c'est exactement ce que les "beta" ne font pas. Le concept de frame implique de transmettre inconsciemment à la femme l'idée que vous êtes la récompense. Autrement dit, elle doit faire des efforts pour vous conquérir, et si elle vous plaît, vous répondrez avec intérêt et réciprocité. Le mot "beta" dérive de la deuxième lettre de l'alphabet grec (B ou β). Dans la communauté de séduction, il représente l'homme ordinaire, celui qui suit les traditions imposées par la "matrix". L'homme beta est l'opposé de l'homme "alpha". Il est nécessiteux, trop sérieux, non dominant, non présélectionné, non leader et, évidemment, il n'a pas de succès avec les femmes. Dans ce sens, vous devez transmettre à la femme, de manière naturelle et inconsciente, que vous êtes supérieur à elle et qu'elle doit vous plaire pour recevoir votre attention méritée. Swinggcat explore très bien ce concept. La vérité est que les femmes cherchent un homme qui soit "supérieur" à elles, quelqu'un qui les fasse se sentir en sécurité et protégées.

Sortez et fréquentez plusieurs femmes. À moins que vous ne soyez tombé amoureux de la première femme que vous avez rencontrée, il est important de sortir avec plusieurs femmes en même temps. Concentrez vos efforts sur la rencontre d'un nombre croissant de femmes, en laissant de côté celles qui vous rejettent. Aucune réponse n'aura une grande importance pour vous. Vous serez capable de vous sentir bien avec vous-même, d'être amusant et de ne pas vous soucier des réactions à votre jeu de séduction. La pensée doit être : plus je rencontre de femmes et je sors avec elles, plus je développe mes compétences pour trouver la bonne personne et devenir un maître dans l'art de la séduction. Habituez-vous à la présence de femmes dans votre vie, elles le remarqueront et vous deviendrez automatiquement plus attirant pour elles.

Donnez le meilleur de vous-même. Inutile d'approcher une femme avec une énergie basse, découragée et sans un objectif clair en tête. Dans le jeu, ayez toujours un résultat en tête, qui est de séduire la femme, et donnez le meilleur de vous-même. Approchez-les avec l'intention de les laisser mieux qu'avant de les rencontrer. Restez toujours positif, contagieux et amusant, tout en montrant un côté sexuel qui suscite leur intérêt.

Soyez flexible. Tout séducteur doit être "flexible" dans le jeu. Il n'y a pas de formules magiques en séduction, seulement des directives et des caractéristiques prouvées attrayantes pour les femmes, qui peuvent être développées avec pratique et dévouement. Cependant, ce n'est qu'à travers la flexibilité dans le jeu que vous pourrez obtenir des résultats. Ne définissez pas une méthode spécifique comme unique et inflexible, à appliquer à toutes les femmes et toutes les situations. Cela mènera à l'échec. Soyez comme l'eau, sans forme, odeur ou poids définis. Adaptez-vous selon les besoins. Plus vous serez flexible, meilleurs seront les résultats que vous obtiendrez. Il ne s'agit pas de savoir quelle méthode est la meilleure, mais de la flexibilité que vous devez avoir en appliquant votre jeu préféré. Il y aura des situations où il faudra agir rapidement pour ne pas perdre la femme, tandis que dans d'autres occasions, il faudra être plus calme. Soyez comme l'eau, en adaptant votre jeu selon les besoins. Croyez-moi, les résultats seront incroyables. La meilleure méthode de séduction est celle qui vous apporte les meilleurs résultats !

Ne dépensez pas votre argent. Dans le jeu, n'essayez jamais de séduire une femme en dépensant de l'argent avec elle simplement pour impressionner. Je ne dis pas que vous ne devez jamais dépenser d'argent avec la femme avec qui vous sortez. Cependant, il y a une grande différence entre dépenser de l'argent pour "impressionner et conquérir" une femme que vous venez de rencontrer et dépenser de l'argent pour payer un dîner à votre petite amie, par exemple. Comprenez-vous la distinction ? La plupart des hommes offrent des boissons, achètent des fleurs, font des cadeaux et font diverses autres choses dans l'espoir de conquérir une femme qu'ils viennent de rencontrer.

Soyez toujours positif. Montrez à la femme que vous avez une vie heureuse - c'est extrêmement important. Cela a à voir avec le Inner Game et la vibration que vous émettez. La négativité détruit les interactions et est tellement répulsive que les femmes s'en éloignent. Vous devez montrer que vous êtes un homme heureux avec la vie que vous menez, que vous faites ce que vous voulez quand vous voulez et que rien n'est trop important pour vous - c'est pourquoi vous êtes si amusant. Votre énergie contagieuse attire les gens. Ne dépendez d'aucune femme pour être heureux - soyez heureux maintenant, avec ce que vous avez et qui vous êtes.

Développez de nouveaux centres d'intérêt et distractions dans votre parcours en tant qu'être humain. Les femmes doivent faire partie de votre vie, mais ne doivent jamais être la priorité. Lorsqu'elle réalise que vous avez vos propres passe-temps, que vous êtes amusant, intéressant, que vous vivez dans votre propre monde et que tout le monde aime être avec vous, BOOM... elle s'intéresse à vous ! Vous voulez qu'elle, en se souvenant de vous, pense aux moments amusants que vous avez passés ensemble, à quel point vous êtes cool et comment elle se sent bien à vos côtés. Faites-la se sentir bien en se souvenant de vous. Par conséquent, soyez toujours un homme intéressant et qui a ses propres passe-temps !

Soyez imprévisible. À certains moments, montrez de l'intérêt ; à d'autres, éloignez-vous. Cela rend la femme "folle", car elle ne saura jamais si vous êtes vraiment intéressé par elle ou non. Cette stratégie est particulièrement efficace pendant la phase de séduction, utilisant fréquemment des techniques comme le Push & Pull. Après l'avoir conquise, continuez à montrer de l'intérêt, mais sans montrer que vous en avez besoin. En résumé :

alternez entre moments chauds et froids pendant et après la conquête.

De temps en temps, taquinez. Parfois, taquinez la femme de manière amusante. Faites des blagues sur ses réponses, sa façon de s'habiller, ses manies, entre autres choses. "Taquinez" de manière affectueuse et amusante. Ce type d'"intrigue" suscite l'attraction chez les femmes, car un homme qui agit ainsi montre qu'il ne se soucie pas autant des "résultats", s'amuse et rien n'est trop important pour lui. Mais faites-le de manière "amusante", comme si vous vous amusiez simplement avec elle. Cela est assez intéressant, car elles restent toujours intriguées et curieuses à votre sujet.

N'ayez pas peur de ne pas être d'accord. Arrêtez de convenir aveuglément à tout ce qu'elle dit juste pour lui plaire. Montrez que vous avez vos propres opinions et que vous ne craignez pas sa "beauté". Désaccordez-vous lorsque vous le souhaitez vraiment, cependant, sans être impoli.

Maintenez la proportion. Dans l'art de la séduction, il est crucial de trouver un équilibre entre donner et recevoir. S'engager dans la mauvaise voie, c'est lorsque vous commencez à donner plus que vous ne recevez. Sachez donner, mais comprenez que vous devez aussi recevoir. Sinon, vous agirez comme un "beta" et votre jeu échouera. Agissez avec équilibre. Ne donnez pas plus que vous ne recevez. La réciprocité est la clé.

Menez toujours. Soyez le premier à agir, ayez toujours l'initiative. Prenez le contrôle de la relation. Les femmes adorent les hommes leaders. Montrez toujours du leadership près d'elles. Ne faites pas l'erreur d'être excessivement agréable, gentil et "gentil" juste parce que la femme est belle et attirante. Traitez toutes les femmes sans privilèges. Les hommes excessivement sympathiques n'attirent pas les femmes. Soyez le "guy", sans être arrogant, et menez toujours.

Soyez protecteur. Ayez un sens de protection envers les femmes. Elles adorent se sentir protégées par un homme. C'est quelque chose enraciné dans leur nature, indépendamment de leur indépendance financière. Elles veulent être protégées. Montrez indirectement que vous êtes un protecteur de vos proches. Préoccupez-vous toujours de leur sécurité.

Ne perdez pas votre valeur. Ne pensez jamais que la femme est supérieure à vous, qu'elle est hors de votre portée. Si vous entrez dans le jeu en croyant que les femmes sont supérieures, simplement parce qu'elles sont belles, attirantes, etc., vous êtes perdu ! Vous savez déjà quels seront les résultats. Par conséquent, intériorisez que vous êtes le "prix" et c'est tout.

Maintenez l'équilibre. Malgré ce que cela peut paraître, être un Mâle Alpha ne signifie pas être impoli, intolérant ou inflexible. Si vous agissez ainsi, elle ne supportera pas la pression et mettra fin à la relation en raison d'un manque de réciprocité émotionnelle. Ne soyez pas grossier, valorisez-vous simplement. Il est nécessaire que vous donniez également, exprimiez vos sentiments (au bon moment) et fassiez des choses pour lui faire plaisir. Mais faites tout cela sans devenir un "bêta". Autrement dit, il est important de donner et de recevoir, de faire des éloges et ensuite d'attendre qu'elle fasse de même pour vous. Dans la séduction, l'équilibre entre donner et recevoir est fondamental. Maintenez cet équilibre et ne cessez pas d'être un homme généreux, car cela fait partie de toute relation.

Apprenez à gérer le rejet. Même si vous devenez un maître dans l'art de la séduction, vous ne pourrez jamais séduire toutes les femmes. D'abord, parce que vous n'avez pas assez de temps de vie pour cela, et deuxièmement, toutes les femmes ne seront pas attirées par vous. Vous entendrez toujours un "non", de temps en temps, ce qui est tout à fait normal, même si votre jeu a été parfait. Une femme peut avoir plusieurs raisons, à un moment donné, de vous rejeter : elle vient de perdre un être cher, elle est de mauvaise humeur pour une raison quelconque, elle vient de rompre récemment ou elle n'a tout simplement pas bon goût.

Une des règles de ce jeu est que les femmes diront "non" à un moment donné. C'est extrêmement normal et vous ne devez en aucun cas le prendre personnellement ou croire que les autres femmes ne seront pas attirées par vous non plus. Le rejet est un échelon vers le succès dans la vie sexuelle, car le joueur le considère comme un autre "non" sur le chemin d'un "oui" inévitable avec une autre femme. Un joueur peut ne pas conquérir une certaine femme en une nuit, mais le lendemain, pendant la journée ou même la même nuit, il peut conquérir une femme encore plus belle que celle qui l'a rejeté. Oui, parfois, ce jeu est comme une roulette russe. Cependant, plus vous devenez habile, plus la probabilité de réussir la plupart du temps avec les femmes est grande.

Ayez une vie et soyez heureux. Tirez votre épanouissement personnel de votre vie dans son ensemble et non de votre succès avec les femmes. Beaucoup d'hommes trouvent leur estime de soi uniquement dans leurs conquêtes (ou leur absence) avec les filles. Tout comme John Wooden, l'ancien entraîneur de basket-ball de l'UCLA, avait l'habitude de rappeler à ses joueurs, il est important de ne pas être terriblement découragé après une défaite, ni excessivement euphorique après une victoire. Wooden savait que le véritable chemin du succès consiste à trouver l'amour-propre dans la vie dans son ensemble, et non dans des victoires ou des défaites passagères. Son équipe gagnait toujours des tournois et était parmi les meilleures parce qu'elle comprenait cela. Le succès avec les femmes et le succès dans la vie sont des concepts similaires. Soyez heureux avec la vie que vous avez, et les conquêtes amoureuses seront une conséquence naturelle de ce bonheur que vous transmettez aux gens autour de vous. Ayez une vie épanouissante !

Acceptez tout comme un jeu. Mystery a été catégorique en comparant le jeu de la séduction à un jeu vidéo. Et ce qui est le plus intéressant, c'est qu'il a parfaitement raison. Lorsque vous cessez de donner tant d'importance à ce jeu, les résultats commencent à apparaître. C'est vraiment incroyable. Lorsque vous vous inquiétez trop de ce qui pourrait arriver, tout a tendance à mal tourner, car le stress, l'anxiété et la préoccupation des résultats ruineront le processus. Ne prenez pas ce jeu trop au sérieux : considérez-le comme un jeu vidéo. Si vous "mourrez" ou échouez, il vous suffit de redémarrer le jeu et de changer de stratégie jusqu'à ce que vous passiez au niveau suivant.

LE JEU NOCTURNE

Dans le jeu nocturne, la confiance, la vibe, la non-réactivité et, en particulier, la pratique sont des éléments essentiels pour le succès. Les joueurs trouvent dans les soirées, les boîtes de nuit, les concerts, les bars et les pubs le terrain idéal pour perfectionner leurs compétences sociales. Dans ces arènes, la tension sexuelle plane dans l'air, et les femmes se montrent plus désinhibées et ouvertes à de nouvelles approches. Cependant, il est important de souligner qu'aborder sans une stratégie efficace, simplement en étant "vous-même", n'est pas la meilleure option, comme nous l'avons déjà discuté dans les chapitres précédents.

La vérité peut sembler dure, mais il n'y a pas de formule magique pour séduire des femmes la nuit. Si nous observons attentivement, nous verrons que, tant dans le jeu diurne que dans le jeu nocturne, ce que vous dites n'a pas tant d'importance que ça. Ce qui fait vraiment la différence, c'est de transmettre de manière convaincante que vous êtes un Mâle Alpha, quelqu'un de différent des autres hommes, quelqu'un d'intéressant, quelqu'un avec qui elle devrait rester. Voilà le secret.

Cependant, il existe des stratégies prouvées pour augmenter vos chances de succès dans le jeu nocturne. Ces stratégies démontrent diverses caractéristiques attractives pour les femmes. Et maintenant, je vais vous montrer comment les mettre en pratique.

Allons-y ! Dans le jeu nocturne, il est nécessaire d'être plus direct. La tension sexuelle est présente et les femmes sortent pour "s'amuser", bien que ce soit souvent simplement une excuse pour rencontrer des hommes intéressants. Elles dansent de manière provocante et flirtent avec les gars. L'ambiance est chargée d'énergie, créant un terrain fertile pour la séduction.

Les boîtes de nuit sont fréquentées par de belles femmes tous les jours de la semaine, quelles que soient leurs préférences personnelles. Étonnamment, il y a des soirées même les lundis. Il est important de mentionner que plus la boîte de nuit est chère, plus la concentration de femmes incroyables est élevée. Si vous n'avez pas beaucoup de ressources financières mais que vous voulez fréquenter des boîtes de nuit plus exclusives, vous devez apprendre à gérer votre argent pour vous assurer de pouvoir profiter chaque mois d'ambiances plus sophistiquées. Après tout, l'objectif n'est pas la quantité de femmes conquises (bien que cela puisse être important au début pour développer vos compétences), mais plutôt la qualité de ces femmes. Et les boîtes de nuit les plus chères rassemblent généralement les meilleures options.

Le jeu nocturne est une option intéressante pour ceux qui recherchent des connexions rapides et des rencontres décontractées. À de nombreuses occasions, j'ai séduit des femmes en soirée et, curieusement, j'ai fini par coucher avec elles le même soir. Vous pouvez également atteindre ce type de succès facilement - cela dépend simplement de vous. Les opportunités sont vastes, et le jeu nocturne est souvent plus rapide que le jeu diurne, grâce aux facteurs mentionnés précédemment. Cependant, il est moins probable que vous trouviez une partenaire pour une relation sérieuse dans ce type d'environnement, car les femmes fréquentent aussi les boîtes de nuit à la recherche de plaisir, pas nécessairement d'engagements. Ne soyez donc pas surpris si une femme ne répond pas à vos appels le lendemain. Cependant, si vous jouez bien et la laissez sur sa faim, il est probable qu'elle réponde et que vous puissiez sortir à nouveau.

Cependant, jouer en boîtes de nuit n'est pas toujours une tâche facile. L'environnement est agité, et vous devez agir rapidement, avec confiance. L'anxiété et la peur de l'approche dominent souvent les hommes, les empêchant de s'approcher des femmes par peur du rejet. Des excuses sont créées pour éviter l'action : "Elle doit être accompagnée", "Elle est trop belle pour moi", "Elle est de mauvaise humeur". Ces pensées paralysantes bloquent les hommes lorsqu'il s'agit de s'approcher d'une femme.

La peur est quelque chose de naturel et fait partie de l'instinct humain, un mécanisme évolutif pour éviter les risques. Cependant, vous ne pouvez pas laisser la peur vous contrôler. Après tout, les femmes ne mordent pas ! À partir de maintenant, je vais vous apprendre comment jouer dans les boîtes de nuit, surmonter vos peurs et agir avec confiance.

Comme mentionné précédemment, vous devez être plus direct dans le jeu nocturne. Être plus direct dépendra également du type d'endroit. Si la boîte de nuit ou la discothèque est plus spacieuse, avec de grands espaces vides, il est très probable que vous puissiez vous approcher en montrant de l'intérêt, mais toujours de manière plus indirecte. Cependant, si la piste de danse est très remplie, vous devrez aller droit au but, car il n'y aura pas beaucoup d'espace pour de grandes conversations et le son fort pourrait un peu perturber si vous n'agissez pas rapidement.

Mais avant d'entrer dans les "techniques" proprement dites, parlons du "pré-jeu". Le pré-jeu est peut-être l'aspect le plus important à clarifier. Il ne sert à rien d'aller en boîte si vous ne vous sentez pas bien. Avant de partir pour le jeu nocturne, vous devez être dans la bonne ambiance et dans un état mental parfait.

Votre état d'esprit doit être joyeux, confiant et amusant. Ne quittez jamais la maison avec une énergie basse.

Pour vous préparer à la boîte, prenez une douche longue et chaude. Chantez sous la douche (oui, chantez !), enfilez vos meilleures tenues (celles qui vous donnent une allure masculine), utilisez votre meilleur parfum, souriez devant le miroir et faites des affirmations positives en vous regardant. Gardez votre cerveau toujours focalisé sur le succès. Dans la voiture, mettez votre musique préférée et chantez librement et avec joie pendant le trajet. Soyez certain que votre soirée sera incroyable et que c'est juste un jeu, et surtout, vous sortez pour vous amuser.

De préférence, ne allez pas en boîte seul. Oui, vous pouvez et même devez sortir en mode "alone sarge" (seul) pour vous mettre au défi et améliorer vos compétences sociales. Mais le jeu nocturne avec un partenaire de jeu est plus recommandé, car vous connaissez tout sur le jeu et vous avez les mêmes objectifs. L'un rehausse l'estime de soi et le moral de l'autre, et les deux s'entraident mutuellement dans le jeu, tout en s'amusant. Alors, partagez toujours sur le "Pickup" avec un ami spécial, car les avantages seront mutuels.

En arrivant sur place, ouvrez quelques groupes dans la file devant la boîte - juste pour vous échauffer. C'est une technique utilisée par de nombreux joueurs et c'est vraiment très efficace.

En le faisant, vous éliminez l'anxiété de vous approcher (même avant d'entrer dans la boîte) et entrez dans l'état idéal. Trois approches vous rendront déjà décontracté et calibré, selon l'énergie de l'endroit.

En entrant dans l'endroit, n'oubliez pas de sourire - souriez toujours. Toutes les caractéristiques d'un Mâle Alpha doivent être ressenties par les gens et surtout par les femmes du lieu. Sourire, comme mentionné précédemment, transmet une image de personne confiante, qui vit dans son propre monde, dans sa propre réalité, et qui s'amuse là-bas. Comme vous êtes un être social, commencez à générer de la Preuve Sociale avec les agents de sécurité et les filles du bar. Demandez la programmation de l'endroit et demandez des suggestions de boissons, si vous buvez.

Il y a un débat sans fin dans la communauté de la séduction sur la consommation d'alcool par les joueurs en boîte de nuit - c'est quelque chose de très subjectif. La question est que l'alcool modifie vraiment le comportement des gens et les rend plus joyeux et décomplexés. Il n'y a pas de problème à boire un peu - la question est de "ne pas boire trop", car si cela se produit, cela affectera inévitablement votre jeu et votre perception de vous-même et des femmes avec lesquelles vous interagissez. Par conséquent, de préférence, ne buvez pas ou, au maximum, buvez avec modération.

Commencez à interagir immédiatement avec les groupes à proximité, car cela augmentera votre preuve sociale sur place. N'essayez pas de conquérir dès le début ; normalement, au début de la boîte, l'énergie de l'endroit est basse et ce n'est pas un bon moment pour essayer d'embrasser une femme. Investissez dans la preuve sociale, amusez-vous et ne vous inquiétez pas des résultats au début - vous aurez beaucoup de temps pour le faire jusqu'à la fin de la nuit.

Ouvrez le plus grand nombre de groupes possible et soyez toujours visible en interagissant avec des groupes et, surtout, avec des femmes. Vous devez réaliser ce que nous appelons la "dynamique de groupe". Ouvrez des groupes et rassemblez-les à d'autres groupes que vous avez ouverts précédemment - cela fera de vous le gars le plus social de la nuit et augmentera votre valeur aux yeux des femmes. Dans les boîtes de nuit et les discothèques, plus vous vous sentez à l'aise et social, plus vous obtiendrez de résultats.

Quel que soit le lieu que vous abordez, faites-le avec confiance et un sourire sur le visage. Votre interaction doit toujours être amusante. Chaque fois que vous approchez d'un groupe, allez avec la pensée suivante : 'Je vais les laisser meilleures que je ne les ai trouvées' et donnez le meilleur de vous-même. Personnellement, je n'aime pas jouer sur la piste de danse (Mystery dit que c'est un 'piège' pour les PUAs), car il est difficile d'y maintenir une conversation. Cherchez à aborder dans la zone autour de la piste, où les femmes dansent ou discutent, mais avec une énergie légèrement inférieure et là où le son n'est pas si fort qu'il empêche la conversation.

Si vous souhaitez aborder sur la piste de danse, utilisez le jeu direct. Une erreur très courante est celle du joueur qui a le courage de s'approcher, mais au lieu d'aller directement vers la cible et d'ouvrir de manière dominante, il fait des cercles autour de la cible et s'approche progressivement, pour finalement ouvrir timidement en touchant l'épaule. Ne faites pas ça ! Vous devez vous déplacer directement vers votre cible et ouvrir de manière confiante et amusante, sans détours. Allez-y et faites ce qui doit être fait. Soyez créatif dans vos approches - explorez votre créativité et allez à fond !

Voici quelques exemples d'ouverture en jeu nocturne :

JOUEUR – Hé ! – en touchant l'arrière du bras de la femme, regardant dans ses yeux avec confiance et un léger sourire sur le visage. —Je suis venu ici vous dire que vous êtes la fille la plus charmante que j'ai vue depuis que je suis arrivé ici...

Quel est votre nom ? — Elle sourira et la conversation se poursuivra à partir de là.

JOUEUR — Alors... c'est décidé ! C'est le moment où on se rencontre et, qui sait, devenons le couple le plus intéressant de la nuit ! Quel est votre nom ?" — toujours de manière décontractée, souriante et confiante.

JOUEUR — Waouh ! Je devais venir ici et vous dire ça... — elle demande quoi et dit quelque chose — Vous ressemblez à une amie qui vit à l'étranger... — la fille dit quelque chose — La différence, c'est que mon amie est plus grande que vous... D'accord, vous pouvez être petite... tant que vous êtes sympa ! Quel est votre nom ? — Sur un ton sarcastique et enjoué. Elle sourira probablement et la conversation continuera.

Dans l'ambiance de la piste de danse, il est crucial d'établir une proximité plus étroite avec la femme, en maintenant une distance d'environ une paume, comme déjà mentionné dans le chapitre sur la langue corporelle, la voix et l'expression faciale. Parlez d'une voix plus forte sans vous pencher vers elle. Avec de la pratique, il est possible de réaliser cette approche sans aucun inconfort.

Évitez de transformer l'interaction en entretien. Il est important de maintenir un dialogue intéressant et agréable dès le début, en montrant de l'intérêt pour elle avec un regard séducteur, un sourire malicieux et, de temps en temps, en détournant le regard vers ses lèvres. Passer des heures à parler à une fille en boîte de nuit n'est pas bénéfique, car à un moment donné, la conversation deviendra monotone. De plus, elle pourrait l'interpréter comme un signe que vous avez peur de passer à l'action. Il est donc essentiel de savoir comment parler tout en devenant plus incisif et sexuel, intensifiant les choses au moment approprié.

Dans le jeu nocturne, l'utilisation du toucher (Kino) est indispensable. Mon ami, si vous ne touchez pas une femme, même dans des environnements de ce type, il sera difficile de conquérir une fille. Touchez-la dès le début ! L'escalade est une séquence qui mène au baiser, étant un facteur indispensable dans le jeu nocturne. En approchant une femme, commencez par toucher légèrement son épaule, son dos ou l'arrière de son bras. Pendant la conversation, effectuez des touches rapides et subtiles, mais de manière confiante, sans hésitation. Les femmes sont des êtres synesthésiques, c'est-à-dire qu'elles ont une tendance naturelle à toucher les gens. Si vous ne les touchez pas dès le début, dans leur esprit, vous ne serez qu'un autre gars qu'elles ont rencontré cette nuit-là. En revanche, en montrant de l'intérêt et en ayant un contact physique, elle vous percevra différemment et de manière plus sexuelle.

Je vais vous enseigner une technique assez intéressante et efficace à utiliser dans les boîtes de nuit. Personnellement, j'utilise cette technique fréquemment et, la plupart du temps, j'obtiens des résultats très positifs compte tenu des circonstances dans lesquelles le jeu se déroule. Cette technique consiste essentiellement à vous approcher directement de votre cible, même si elle est accompagnée de deux ou trois amies, et dire :

JOUEUR — Salut, est-ce que ça te dérangerait si je te disais quelque chose de très direct ? — Pendant ce temps, faites un contact subtil à l'arrière de son bras, transmettant de la confiance à travers le langage corporel, la regardant audacieusement dans les yeux.

FILLE — D'accord. — Elle sera inévitablement curieuse de ce que vous avez à dire.

JOUEUR — Alors, c'est la deuxième fois que je te vois passer par ici... Je ne sais pas pourquoi, mais tu as attiré ma curiosité. Mais comme je suis un homme qui ne laisse généralement pas de côté ce qu'il veut, je n'ai pas pu m'empêcher de venir ici et de te connaître... Quel est ton nom ? Souriez, tendez la main pour la saluer et faites une expression intrigante. Elle ressentira votre confiance, sera surprise et automatiquement, vous deviendrez un homme intéressant à ses yeux.

Après cette ouverture, continuez la conversation de manière indirecte. La technique consiste essentiellement à approcher la femme de manière confiante et directe, puis à passer à un jeu un peu plus indirect. Vous pouvez dire qu'elle ressemble à une amie à vous ou qu'elle a l'air amusante, en maintenant une conversation agréable et décontractée. Progressivement, augmentez la tension sexuelle dans l'interaction, en commençant à mentionner qu'elle semble être une femme "chaude" ou qu'elle a un regard sensuel. Enfin, isolez-la du groupe et intensifiez la tension sexuelle jusqu'au baiser final ! Il est important de souligner que ceci n'est qu'un exemple de comment approcher et aborder des femmes en boîte de nuit.

Ensuite, je décrirai une stratégie efficace pour le baiser final. Avant tout, il est important de clarifier quelque chose de très important : cette approche ne doit pas être utilisée avant d'établir un rapport avec la femme, car sans un niveau adéquat de confort (même en quelques minutes), elle ne sera pas efficace.

Le jeu nocturne consiste essentiellement à "ouvrir le groupe, créer une connexion émotionnelle, établir un rapport, isoler et conclure". S'éloigner de cette structure apportera rarement du succès. Dans certains cas, il est possible d'embrasser une fille au même endroit où vous l'avez rencontrée, comme sur la piste de danse, par exemple. Cependant, il est plus recommandé de l'isoler du groupe d'amies, évitant ainsi tout malaise. Au cours du processus, utilisez beaucoup de kino (en la serrant dans vos bras, en touchant sa taille, son dos, etc.) et intensifiez le rapport avant de tenter le baiser. Sans cela, il est inutile d'essayer de conclure.

Dans le monde du jeu, simplement arriver et utiliser une routine directe ne garantira pas le succès. La femme doit être à l'aise avec vous, sentir votre contact et à l'aise à vos côtés. C'est là que les chances deviennent incroyablement élevées. Peu importe que vous adoptiez un style direct ou indirect, ce qui compte vraiment, c'est si vous avez progressé physiquement avec la femme et construit un rapport solide pour vous rapprocher de la conclusion.

Voici un modèle de conclusion qui a été testé et approuvé par moi-même et de nombreux joueurs brésiliens, avec un taux de succès étonnant. Après avoir ouvert le groupe, augmenté le kino et créé du confort avec votre cible, générant la tension sexuelle nécessaire, suivez ces mots :

JOUEUR — Alors, [nom de ta cible]... — En parlant, touchant subtilement l'arrière de son bras. — Je ne suis pas du genre à donner des compliments... La beauté, c'est quelque chose de commun, tu sais comment c'est... Mais quelque chose en toi a attiré mon attention... Physiquement. — Faites des pauses marquées dans votre discours, transmettant de la fermeté et la regardant dans les yeux comme si vous l'hypnotisiez. Cette tension sexuelle est cruciale.

FILLE — Quoi ? — Elle rit, curieuse.

JOUEUR — Tu as... — Une autre pause dramatique, regardant sensuellement sa bouche avec un sourire en coin — ... une belle bouche ! — Ensuite, fixez le regard pénétrant dans ses yeux.

FILLE — Ah... Merci... — Elle sourit, peut-être rougissant un peu.

JOUEUR – Tu sais, en regardant bien, je dirais que tes lèvres ne sont ni trop charnues ni trop fines... Elles sont... moyennes... en plus d'être légèrement rosées... – Continuez à regarder sa bouche et utilisez le Kino de manière séduisante mais subtile, touchant l'arrière de son bras ou sa taille pendant que vous parlez, si vous sentez qu'elle répond bien.

FILLE – Merci... – Elle répond en souriant.

JOUEUR – Tu embrasses bien ? – Souriez et créez une tension sexuelle, laissant entendre que le désir est mutuel et qu'un baiser est inévitable.

FILLE – Personne ne s'est jamais plaint... – Elle répond avec un ton suggestif.

JOUEUR – Alors laisse-moi voir... si tu embrasses vraiment bien... – À ce moment-là, vous devriez être pratiquement enlacés, donc le baiser sera simplement la conclusion naturelle du processus. N'oubliez pas de créer beaucoup de Kino avant de passer au baiser. Ayez une prise ferme et le baiser se produira !

Si votre cible, même si elle est "à vous", semble encore un peu réticente (et vous remarquez que la conclusion rapide ne sera pas si facile), vous pouvez prolonger la tension sexuelle pour augmenter son envie de vous embrasser.

JOUEUR — Tu embrasses bien ? — Souriez et créez une tension sexuelle, laissant entendre que le désir est mutuel et qu'un baiser est inévitable.

FILLE — Personne ne s'est jamais plaint... — Elle répond, montrant un peu de résistance.

JOUEUR — Hum... Tu sais, si je devais t'embrasser maintenant, quelle note donnerais-tu à tes baisers sur une échelle de 1 à 9 ? — Continuez à regarder sa bouche et ses yeux avec un regard séducteur, créant la tension sexuelle nécessaire.

FILLE — Oh... Je donnerais environ 9,5... — Elle répond, indépendamment de ce que vous attendiez.

JOUEUR — Vraiment ? Oh, je n'y crois pas ! — Faites une expression comme si vous n'étiez pas d'accord avec la note, comme si elle méritait moins, comme si elle n'était pas capable.

FILLE — Oui, pourquoi pas ? — Elle rit.

JOUEUR — Eh bien... Il y a une façon de s'en assurer... Viens ici ! — Attrapez fermement sa taille et... le baiser se produit ! Si vous avez suivi correctement, c'est un jeu imbattable !

Il est important de souligner que ceci n'est qu'un exemple de la manière de conclure le jeu par un baiser. Il existe d'innombrables autres façons de créer la tension sexuelle nécessaire pour qu'un baiser se produise en boîte de nuit.

Selon la situation, il peut même ne pas être nécessaire de dire quelque chose. Juste regarder sa bouche de manière sensuelle, sourire et toucher subtilement sa taille peut conduire au baiser - la tension sexuelle sera déjà présente entre hommes et femmes, comme nous l'enseigne le célèbre livre "60 Years Of Challenge".

LA THÉORIE DE L'OFFRE ET DE LA DEMANDE

Explorons un concept assez curieux et intéressant lorsqu'il s'agit du Jeu de Nuit - la Théorie de l'Offre et de la Demande. Nous sommes tous conscients des différents types d'approches qui varient en fonction des lieux ou des styles de jeu. Il existe la méthode directe, l'indirecte et la naturelle. Cependant, si vous observez attentivement la diversité des lieux disponibles pour le jeu, vous remarquerez que certaines méthodes sont plus adaptées à certains endroits que d'autres et que, surtout, les femmes réagissent différemment en fonction de l'environnement.

Pour mieux comprendre le sens de la Théorie de l'Offre et de la Demande, faisons une brève analogie avec l'Économie. L'Économie est la science sociale qui étudie comment les individus et les sociétés décident d'utiliser les ressources rares pour produire des biens et des services, afin de les distribuer entre les personnes et les groupes sociaux, dans le but de satisfaire leurs besoins. Et qu'est-ce que cela a à voir avec la séduction et les environnements de jeu ?

Analogiquement à l'Économie, lorsque vous vous trouvez dans un environnement nocturne, comme une boîte de nuit de luxe par exemple, où la plupart des femmes sont classées comme 7 ou 8, les rares femmes considérées comme 9 ou 10 se sentent "les plus désirées", car elles sont les plus belles par rapport aux autres femmes de l'endroit (en d'autres termes, il y a une "offre rare" de femmes à forte valeur reproductive). Les hommes qui s'approchent d'elles (sans aucune connaissance en séduction) seront très probablement rejetés. C'est la "loi de l'offre et de la demande" en action : lorsqu'il y a peu de femmes classées comme

9 ou 10, la demande (ou du moins le désir) pour elles sera plus élevée de la part des hommes. Cela se traduit par un "bouclier de protection" plus fort pour ces femmes, car elles deviennent le "centre d'attention".

D'autre part, lorsqu'il y a une abondance de femmes considérées comme 9 ou 10 (offre abondante), la concurrence n'est pas aussi intense. La beauté féminine dans cet environnement devient quelque chose de commun. Si vous fréquentez des endroits où il y a beaucoup de femmes belles, la beauté devient quelque chose de banal et ces femmes peuvent même prendre l'initiative, car ce sont des personnes normales, tout comme les autres femmes du lieu. Il est donc important de chercher les meilleurs endroits pour pratiquer le jeu dans votre ville - les meilleures boîtes de nuit, les meilleurs bars, etc. - et jouer sans peur, se sentir à l'aise. Plus il y a de belles femmes dans l'environnement, plus il sera facile de les séduire. La Théorie de l'Offre et de la Demande est empiriquement prouvée.

Après cette analyse holistique du Jeu de Nuit, nous pouvons présumer que le succès dans ce jeu dépend essentiellement de la vibe du joueur, de ses compétences sociales, de son détachement vis-à-vis des résultats, de l'utilisation intense du toucher physique, de la tension sexuelle et surtout, de la confiance dans les approches.

LE JEU DIURNE

Maintenant, plongeons dans le monde fascinant du jeu diurne (Day Game en anglais), où les hommes sortent pendant la journée pour rencontrer des femmes dans divers endroits. Les maîtres du Day Game dans la communauté internationale de Pickup incluent des noms tels que Alex Coulson, Beckster, Jeremy Soul, Sasha PUA, David Wygant, James Marshall, Juggler, Julien Blanc, Keychain, Paul Janka, Vince Kelvin, Vince Lynch et Yad Pua. Ces experts sont connus pour explorer le terrain diurne, où l'approche et l'interaction avec les femmes se déroulent de manière unique. Dans leur livre "How to Succeed with Women", Ron Louis et David Copeland détaillent une série d'endroits propices au Juego Diurne, où l'on peut rencontrer des femmes éblouissantes. Je vais en ajouter plusieurs autres pour que vous ne manquiez pas ces opportunités précieuses. Voici quelques endroits où vous pouvez rencontrer des femmes pendant la journée :

- Bus ;
- Métros ;
- Centres commerciaux ;
- Événements en plein air ;
- Foires hippies ;
- Salles de sport ;
- Librairies ;
- Bars ;
- Cafés ;
- Universités ;

- ❖ Restaurants ;
- ❖ Églises ;
- ❖ Cours ;
- ❖ Cours de danse ;
- ❖ Rues ;
- ❖ Places publiques ;
- ❖ Arrêts de bus et/ou de taxi ;
- ❖ Parcs d'exposition ;
- ❖ Parcs d'attractions ;
- ❖ Zoos ;
- ❖ Musées ;
- ❖ Bibliothèques ;
- ❖ Théâtres ;
- ❖ Campus universitaires ;
- ❖ Et bien d'autres.

Comme vous pouvez le constater, il existe une multitude d'endroits et d'opportunités pour rencontrer des femmes pendant la journée. Il existe certainement de nombreux autres "terrains" où ce jeu peut être pratiqué, mais j'ai mentionné uniquement les principaux pour la pratique du Juego Diurne. Contrairement aux approches nocturnes dans les boîtes de nuit, les bars et les salles de spectacle, où les femmes ont tendance à ériger un "bouclier de protection", le Juego Diurne est différent. Dans leur esprit, cela s'est simplement produit. C'est un énorme avantage pour ceux qui se lancent dans ce type de jeu, car les femmes sont plus ouvertes et réceptives aux approches pendant la journée. C'est un terrain fertile à explorer et à prospérer.

Dans le royaume du jeu diurne, vous avez à votre disposition à la fois l'approche indirecte et l'approche directe. Avant tout, il est essentiel de comprendre que, en abordant une femme pendant la journée et en entamant une conversation, dans les premières secondes ou minutes de l'interaction, vous devez transmettre toutes les caractéristiques d'un Alpha - comme nous l'avons discuté dans les chapitres précédents. Après tout, il est rare pour les femmes de rencontrer des hommes pendant la journée, et si cela se produit, vous devez vous démarquer des autres. Ainsi, dès les premiers instants de l'interaction, maintenez cette posture et soyez intéressant.

En ce qui concerne l'approche indirecte, utilisez une "excuse" pour entamer la conversation. Cela peut être une opinion féminine, un commentaire sur quelque chose qui s'est produit à proximité (opener situationnel) et ainsi de suite. Soyez créatif et n'oubliez pas les fausses pistes temporelles. Ces pistes sont des répliques que vous utilisez pour donner l'impression que vous êtes simplement de passage, que vous ne pouvez pas vous attarder et que vous êtes sur le point de partir. Cela fait baisser la garde de la femme et maintient son intérêt dans la conversation. Cette technique a été développée par Erik Von Markovik en collaboration avec Style. Cependant, si vous préférez être plus direct, abordez-la simplement en exprimant vos intentions dès le début.

Initialement, elle vous jugera de haut en bas. C'est une réaction naturelle, alors ne vous inquiétez pas. L'important est de transmettre, de manière indirecte, que vous êtes un homme confiant et intéressant - que ce soit à travers des histoires, la communication non verbale, et ainsi de suite. Utilisez de l'humour dans les conversations, soyez sympathique, évitez les visages fermés.

Commencez toujours les conversations avec un sourire, quel que soit la méthode utilisée. Cela donne l'image d'un homme amusant, heureux dans le monde et avec sa propre vie. Lorsque vous parlez à la femme, transmettez du calme, une sensation de calme. Communiquez la sécurité, la faisant se sentir à l'aise de parler avec vous, peu importe l'endroit ou la manière dont vous vous êtes rencontrés.

Un des grands secrets du Juego Diurne est de parler aux femmes comme si vous les connaissiez depuis des années. En agissant de cette manière, vous établissez un rapport instantané. Votre langage corporel doit également être détendu - penchez-vous en arrière, appuyez vos mains sur une base ou contre un pilier.

Bien que ce soit votre rôle de faire l'approche, vous devez maintenir la posture du "prix" tout au long de l'interaction. De plus, soyez toujours bien habillé, choisissez des vêtements qui véhiculent la masculinité, comme abordé dans le chapitre "Apparence". N'oubliez pas : être bien habillé est toujours important. Votre apparence joue un rôle fondamental dans le jeu. Vous devez sortir de chez vous tous les jours comme si vous alliez à une fête.

Il n'y a pas de formules magiques pour le Day Game. Fondamentalement, vous pouvez dire n'importe quoi pour commencer une conversation et susciter l'attraction.

Voici quelques exemples simples d' "approche indirecte" pendant la journée :

JOUEUR — Hé, tu sembles être une personne studieuse... Quel est le nom de ce livre ? — Parlez de manière amusante, montrant de l'intérêt pour le sujet du livre qu'elle lit, et souriez.

Ou :

JOUEUR — Hé... puis-je te poser une question rapide ? — Elle répond que c'est bon. — Alors, j'ai besoin d'acheter une chemise pour un ami d'enfance... C'est son anniversaire cette semaine... J'hésite parce qu'il est un peu macho... Que penses-tu des chemises roses pour les hommes ?

FILLE — Elle répond quelque chose.

JOUEUR — J'ai vu une chemise rose très cool dans ce magasin 'X' — Si c'est un magasin célèbre, elle dira probablement qu'elle le connaît.

JOUEUR — Tu penses que ce serait une bonne idée de lui offrir ce cadeau ? Je ne sais pas, mais tu as l'air d'avoir bon goût... — Et la conversation continue à partir de là et vous continuez votre jeu en change ant de sujet tout de suite après.

Ou :

JOUEUR — Hé, puis-je te dire quelque chose ?

FILLE — Salut... bien sûr !

JOUEUR — Tu ressembles à ma cousine préférée ! Sérieusement, elle habite à..." — Continuez avec une histoire à partir de là.

Ou :

JOUEUR — Oh là là, on dirait qu'il va pleuvoir aujourd'hui... Tu as pris un parapluie ?

FILLE — Elle répond que oui et sourit.

JOUEUR — Je pense que je vais être trempé ! D'accord, c'est décidé : tu vas me prêter ton parapluie, d'accord ? — Souriez et continuez la conversation de manière amusante.

Ou :

Elle éternue près de vous, par exemple, et vous dites :

JOUEUR — Hé, attention ! Ça pourrait être une grippe porcine... Il faut que je rentre chez moi en vie ! — Dites cela en souriant. Elle réagira certainement positivement et trouvera ça drôle... Ensuite, continuez la conversation en parlant du temps, par exemple, puis changez de sujet et poursuivez votre jeu. Il n'y a pas de secret.

Enfin, il existe de nombreuses façons simples et faciles d'entamer une conversation avec une femme pendant la journée. Cependant, il vous appartient de mener cette interaction aussi loin que vous le souhaitez.

Il existe également des façons plus audacieuses d'approcher les femmes en mouvement dans les rues ou les places (approches directes). Souvent, si vous n'agissez pas rapidement, vous n'aurez pas d'autre occasion de rencontrer la femme. Dans ces cas, vous devez vous approcher directement et dire quelque chose d'assez intéressant pour qu'elle s'arrête et vous écoute.

Par exemple :

JOUEUR — Hé, tout va bien ?

FILLE — Elle répond que oui, mais avec surprise.

JOUEUR — Je ne veux pas te faire peur, d'accord ? — Vous dites en souriant — Alors, je vais être direct avec toi !

FILLE — D'accord — Elle répond à nouveau un peu déconcertée.

JOUEUR — C'est la deuxième fois que je te vois passer ici dans la région et, je ne sais pas pourquoi, je me suis intéressé à toi et j'ai dû venir te rencontrer !

FILLE — Elle restera sans voix et un peu sidérée par votre courage.

JOUEUR — Enchanté, je m'appelle John Lougan ! — Vous la saluez et lui tendez la main — Quel est ton nom ? — Vous souriez, la désarmez complètement et poursuivez votre jeu à partir de là.

Ceci n'est qu'un exemple de comment aborder directement une femme en plein milieu de la rue. Cependant, il est important de souligner que généralement, vous devriez obtenir le numéro de téléphone de la femme (en raison de l'heure, des obligations, etc.) et planifier un rendez-vous ultérieurement. Cependant, il est également possible d'embrasser des femmes pendant la journée (cela dépendra de vos compétences et des circonstances).

En analysant d'un autre point de vue, le jeu diurne a ses avantages et ses inconvénients par rapport au jeu nocturne. La nuit, il est possible d'avancer plus rapidement, mais les garanties de se retrouver ne sont pas aussi certaines. Pendant la journée, bien que certains hommes trouvent plus difficile de jouer, les choses peuvent devenir plus solides entre vous deux.

Ci-dessous, je parlerai des avantages du jeu en journée :

Casualité : La plupart des hommes sortent pour rencontrer des femmes la nuit, dans des boîtes de nuit, des bars, des salles de spectacle, etc. En raison de cela, les femmes augmentent généralement leurs défenses, sachant déjà les objectifs explicites de ces hommes. Cela résulte dans des "Shit Tests" indésirables - une série de questions et réponses que les femmes posent pour vérifier si les hommes sont cohérents avec ce qu'ils disent et l'image qu'ils transmettent - dans une tentative d'éloigner les séducteurs. La nuit, lorsque vous approchez une femme (sans avoir de connaissance préalable sur la façon de le faire), elle se dit déjà : "Ah... encore un obsédé qui s'approche !" (bien sûr, pour un joueur, ces réactions sont normales et n'empêchent pas de suivre son jeu et de la séduire). Dans le Day Game (jeu diurne), c'est différent... Dans leur esprit, cela s'est simplement "produit". Et c'est exactement ce que vous attendez d'une femme en l'abordant pendant la journée !

Facilité : Il est littéralement plus facile d'engager une conversation avec une femme dans le jeu diurne, précisément en raison de la nature quotidienne. Pendant la journée, vous pouvez parler à de nombreuses femmes à des arrêts de bus, dans des files de banque, etc. Il est beaucoup plus facile de s'approcher pendant la journée, de sourire et de dire quelque chose comme :

JOUEUR — Hé, je dois te dire quelque chose... J'adore ton style !

FILLE — Elle, surprise, répondra quelque chose.

JOUEUR — As-tu déjà entendu parler des Flappers ? — et continuez votre jeu à partir de là.

À titre de curiosité, Flapper est un terme utilisé il y a des décennies pour décrire une nouvelle génération de jeunes femmes qui portaient des jupes courtes, ne portaient pas de corset, coupaient leurs cheveux, écoutaient du jazz et avaient d'autres caractéristiques similaires.

Il est plus facile de faire ce type d'approche pendant la journée que la nuit. Pendant la journée, les choses coulent de manière plus naturelle et, en général, les femmes sont plus ouvertes à de nouvelles conversations, au début décontractées.

Gratuité : Pendant la journée, vous n'avez pas besoin de payer pour aborder des femmes, comme cela se produit la nuit dans les boîtes de nuit, les bars, les salles de spectacle. Vous ne payez tout simplement rien pour cela ! Sauf si vous allez à un événement pendant la journée ; sinon, vous aurez rarement besoin de dépenser de l'argent pour aborder une femme dans la rue ou dans un centre commercial. La gratuité est l'un des grands avantages de rencontrer des femmes dans le jeu diurne.

Vous les connaissez comme elles sont réellement : La nuit, les choses peuvent être très superficielles. Tout est très visuel et, par conséquent, vous devez faire plus d'efforts pour conquérir les femmes, surtout si vous n'avez pas d'attributs physiques exceptionnels. La nuit, les gens s'habillent de manière inhabituelle, sortent boire, sont euphoriques et se font généralement passer pour d'autres personnes. Pendant la journée, vous les connaîtrez exactement comme elles sont. C'est-à-dire, comment elles se comportent au quotidien, comment elles s'habillent, comment elles parlent, etc. En résumé, il y a une plus grande chance de les connaître vraiment comme elles sont pendant la journée que lors d'une fête nocturne.

Vous ne montrez pas de besoin : Engager des conversations avec des femmes pendant la journée est quelque chose de naturel et spontané, ne transmettant pas le sentiment de "besoin". La nuit, l'imprévisibilité éveille des soupçons, car quand vous abordez une femme à une fête, elle pense probablement : "Hum... que veut ce gars ? Il essaie de me séduire." Pendant la journée, en revanche, c'est quelque chose de beaucoup plus naturel et ne transmet pas le sentiment de besoin en interagissant avec elles.

Vous pouvez trouver une fille intéressante pour une relation : Sans aucun doute, c'est l'un des plus grands avantages du jeu diurne. La possibilité de rencontrer une belle fille qui travaille, étudie, vient d'une bonne famille, entre autres attributs d'une femme sérieuse, et qui est prête pour une relation à long terme est beaucoup plus élevée pendant la journée que dans les boîtes de nuit et les événements nocturnes, où la plupart cherchent simplement à s'amuser. Si vous recherchez une relation sérieuse, il vaut la peine d'investir dans le jeu diurne.

C'est excellent pour les débutants dans le jeu : Contrairement à la croyance populaire, ce type d'approche est excellent pour les débutants, surtout pour ceux qui sont naturellement plus timides. En parlant aux femmes tous les jours, ils se sentiront plus à l'aise en sortant la nuit, ce qui en fait une stratégie efficace pour le développement dans le monde de la séduction.

Vous pouvez être indirect ou direct : Les deux méthodes fonctionnent. Dans la méthode directe, il y a un risque plus élevé de rejet, car cela nécessite plus de calibration, mais avec le temps et la pratique, vous pouvez obtenir plus de succès. Vous avez remarqué que vous n'aurez pas d'autre chance si vous n'abordez pas rapidement ? Approchez-vous directement ! Si vous percevez que l'approche trop directe peut entraîner un rejet immédiat en raison des circonstances, soyez plus subtil. En résumé, l'approche à adopter varie en fonction de chaque situation. Soyez flexible, car cela mènera au succès. Avec la pratique, vous agirez instantanément de la manière dont votre instinct le dictera. Ainsi, peu importe la méthode que vous préférez, vous n'obtiendrez des résultats cohérents qu'en pratiquant quotidiennement.

Pendant la journée, vous pouvez utiliser des approches situationnelles, avoir des conversations naturelles, et bien sûr, au milieu de celles-ci, vous pouvez utiliser des histoires de DVS (Démonstration de Valeur Sociale) ou des routines, si vous le souhaitez, pour susciter de l'attraction. Cependant, il est important de souligner que peut-être vous n'obtiendrez pas un baiser dès le premier rendez-vous. Comme mentionné précédemment, cela peut arriver, mais cela dépendra du lieu, de la connexion établie (rapport), de l'heure et d'autres facteurs.

En résumé : faites un bon jeu, obtenez le numéro de téléphone et laissez-la en vouloir plus... Mais si elle manifeste un intérêt évident, n'hésitez pas à l'embrasser sur place, car, évidemment, vous ne voulez pas être vu comme un homme sans attitude.

LE JEU DANS LES TRANSPORTS EN COMMUN

Autocar, métro et autres moyens de transport sont d'excellentes options pour le jeu en journée si vous utilisez ces moyens pour vous rendre à la fac ou au travail, par exemple. Cependant, il est important de noter quelque chose : pour ceux qui cherchent à embrasser une femme dans les transports en commun, le baiser dès le premier rendez-vous peut ne pas être le meilleur choix, surtout si vous êtes pressé. Le risque d'être perçu comme quelqu'un qui aborde de manière indiscriminée dans la rue est réel, suscitant chez les femmes un sentiment connu sous le nom de "remords de l'acheteur" - un terme inventé par Mystery pour décrire le malaise d'une femme après une connexion intime précoce.

En optant pour cette approche précipitée, il y a le danger de compromettre les futures rencontres, car les femmes peuvent éviter vos appels ultérieurs. Cependant, comme toute règle, il y a des exceptions. Si la situation et la connexion sont indéniablement favorables, n'hésitez pas à sceller le moment par un baiser. Parfois, l'attraction est si intense que le baiser devient inévitable, se produisant là même, dans les transports en commun.

Le message crucial ici est l'importance de ne pas se précipiter dans ces endroits, en suivant le principe de "sacrifier les plaisirs à court terme pour les bénéfices à long terme", selon l'une des lois essentielles de David DeAngelo, mise en avant dans son remarquable programme "The 77 Laws Of Success with women and dating".

Il est courant parmi les hommes le mythe selon lequel un véritable séducteur doit être capable de séduire la première femme attirante qu'il croise en quelques minutes en sortant dans la rue - cependant, c'est plus de la fiction que de la réalité. Bien que cela soit possible, c'est rarement ainsi que les choses se passent. Dans le jeu en journée, les possibilités sont vastes, mais, dans la pratique, les approches instantanées sont atypiques et surprenantes pour les femmes, il est donc plus courant de planifier des rencontres futures pour développer une connexion plus profonde.

Nous comprenons les particularités de chaque ville, où trouver la même personne dans les mêmes transports en commun tous les jours peut être un défi. Cependant, adaptez au mieux cette approche à vos déplacements habituels. Cette stratégie fonctionne particulièrement bien lorsque vous partagez le même itinéraire et les mêmes horaires chaque jour, vous offrant ainsi la possibilité de rencontrer à plusieurs reprises cette femme qui prend également votre bus ou votre métro.

Si cela n'est pas possible (par exemple, si vos trajets varient pendant la semaine, en utilisant différents moyens de transport), approchez les femmes dans le but de planifier des rencontres futures. Manquer l'opportunité d'obtenir son contact le premier jour peut signifier perdre la chance de la revoir.

L'affluence dans le bus joue un rôle crucial dans ce jeu particulier. Même debout, ouvrir des groupes n'est pas seulement possible, mais encouragé. Ne laissez pas l'affluence être une excuse pour ne pas jouer. En agissant avec naturel et confiance, il est possible de réussir, car ces environnements ne favorisent généralement pas les interactions spontanées avec différentes personnes. Le jeu dans les transports en commun est considéré comme "osé", ce qui vous distingue comme quelqu'un de "différent, spontané et confiant" aux yeux des femmes abordées dans ces circonstances.

En entrant dans les bus, métros et autres, adoptez une posture de langage corporel confiante, le torse légèrement bombé, les épaules droites, et ne cessez jamais de sourire. Oui, vous avez bien lu : en plus de vous habiller avec style et de projeter un langage corporel unique, souriez en entrant dans les transports en commun. Saluez le conducteur et le contrôleur (dans les bus) d'un sympathique "bonjour", "bonjour" ou "bonsoir" - un geste qui revêt une grande importance. Les gens ne le font généralement pas, et quand les femmes voient cette attitude, elles sont impressionnées par votre éducation, automatiquement attirées par vous.

Observer les réactions est amusant : entrer dans le bus en souriant, bien habillé et saluer l'équipe est un spectacle inhabituel. Quand elles s'en rendent compte, vous avez déjà conquis la moitié du terrain. Elles se disent : "Intéressant... Ce type bien habillé, captivant et sociable... Il semble être différent".

Pour entamer des conversations dans ces situations, certaines particularités s'appliquent. Si le moyen de transport est vide, avec peu de personnes dispersées, s'asseoir à côté d'une femme seule peut être interprété comme une avance indésirable.

Que faire alors ? Optez pour le siège avant, vous permettant de vous tourner et d'entamer une conversation, ou asseyez-vous sur le siège à côté (de l'autre côté, pas à côté d'elle), en commençant la conversation par-dessus l'épaule, occupant le siège du bout.

Dans le cas d'une affluence et d'une femme intéressante occupant un siège double vide, le choix est évident, n'est-ce pas ? Cependant, elle n'a pas connaissance de votre statut de joueur, donc, après vous être assis, initiez la discussion de manière audacieuse et créative. Laissez-lui environ trois minutes pour réaliser qu'il y a quelqu'un à ses côtés avant de commencer, évitant de la faire sursauter.

Mais est-ce que je n'ai pas besoin d'utiliser de routine ? Non. Dans les transports en commun, les meilleurs ouvreurs sont situationnels - des ouvreurs liés au retard du bus, à la météo, à l'affluence, etc. sont de bonnes options. Mais vous pouvez également utiliser du matériel, à condition que cela reste naturel.

Soyez créatif et ouvrez de plusieurs manières. Il n'y a pas de secrets : ouvrez avec n'importe quoi ! Mais n'oubliez pas les caractéristiques d'un Mâle Alpha que vous devez transmettre, elles sont indispensables.

Dès le début, montrez que vous l'avez appréciée, mais utilisez Cocky and Funny, Push and Pull et évitez au maximum qu'elle pense que vous êtes juste un "pote" qu'elle est en train de rencontrer. Montrez-vous comme quelqu'un d'intéressant, confiant, amusant et faites en sorte qu'elle ait envie de faire partie de votre vie immédiatement.

Ne prenez pas son numéro de téléphone dès la première fois que vous discutez avec elle, à moins de savoir que vous ne la reverrez pas pendant un bon moment, comme dans les cas où vous ne prendrez pas ce même bus. Mais si vous savez que cette fille utilise toujours ce moyen de transport à la même heure et que les chances de la revoir sont élevées, alors prenez son numéro dès le deuxième rendez-vous. Si vous vous précipitez, vous risquez de ruiner votre jeu. Ne manquez pas de prendre son numéro de téléphone la deuxième fois que vous la rencontrez, sinon, vous ne serez qu'un nouveau "pote" pour elle - et c'est ce que vous ne voulez pas !

Pourquoi investir dans le jeu dans le bus, le métro, etc. ? Simple : vous pratiquez le Pickup quotidiennement, augmentez vos chances de rencontrer les femmes désirées, créez une preuve sociale dans votre collectif, générez de la pré-sélection - d'autres femmes vous voient interagir fréquemment -, vous vous liez d'amitié avec de nouvelles femmes qui vous présenteront à leurs amies... En somme, les avantages sont nombreux.

Il est également idéal de varier les horaires pour élargir vos options. Faites attention à ne pas croiser le chemin d'une femme avec une autre avec qui vous avez déjà eu une relation - restez vigilant à ce sujet.

LE JEU EN BARS

Les bars sont excellents pour le jeu en journée. Les bars sont fréquentés par des jeunes et des personnes de divers âges. La bière et les spiritueux ont toujours été les préférences des personnes qui aiment socialiser.

Comme mentionné, les bars sont fréquentés tant par les femmes que par les hommes, et ces dernières temps, les femmes se sont également mises à la bière. Pour ceux qui ne sont pas fans des boîtes de nuit et des discothèques, les bars sont d'excellentes options pour un jeu solide, surtout si votre style est indirect. J'expliquerai mieux cela bientôt.

Il existe plusieurs avantages du jeu en bars. Je vais en mentionner quelques-uns :

- Si l'ambiance est mauvaise, vous pouvez facilement partir pour un autre bar ;

- Grande variété de groupes ;

- Parfait pour le jeu indirect (mais le jeu direct est également possible) ;

- Possibilité de planifier la stratégie que vous allez utiliser (mais ne passez pas trop de temps là-dessus) ;

- Généralement, il n'est pas nécessaire de payer pour entrer dans les bars en journée ;

- Expansion de votre cercle social ;

- Lieu idéal pour créer du rapport ;

- Isolation facile de la cible ;

- Environnement énergique ;

- Et bien plus encore.

Je vais expliquer comment fonctionne le jeu dans ces endroits. Il existe plusieurs types de bars, certains très "calmes" et d'autres plus animés, où les gens restent debout, boivent de la bière et discutent avec des amis, et d'autres assez animés, où l'ambiance est électrique, mais les gens restent assis.

Dès votre arrivée dans un bar, la première étape consiste à évaluer l'"énergie" du lieu. Si vous êtes dans un bar où les gens ont l'habitude de rester assis à des tables, faites de même. Asseyez-vous confortablement à côté de votre Wingman, de préférence ne venez pas seul comme ces gars solitaires que vous voyez parfois au bar, "noyant leurs chagrins". Recherchez toujours à y aller avec un partenaire de jeu ou un ami.

Dès que vous entrez dans l'établissement et identifiez le type de bar en question, qu'il soit à haute ou basse énergie, asseyez-vous à côté d'un groupe qui comporte des femmes attrayantes. Asseyez-vous à la table à côté, mais de manière discrète. Au début, évitez de regarder directement les femmes à la table. Asseyez-vous de manière naturelle, comme s'il n'y avait personne autour. La table a été choisie au hasard par vous et votre ami. Si vous ne pouvez pas vous asseoir à côté du groupe, je vous expliquerai comment agir plus tard.

N'ouvrez pas immédiatement le groupe. Relaxez-vous... Au début, ignorez-les. Ne vous penchez pas complètement vers elles et ne pointez pas vos pieds dans la direction du groupe. Asseyez-vous un peu de côté, les épaules alignées, de sorte que lorsque vous ouvrez le groupe, vous puissiez le faire par-dessus les épaules. Dans cet environnement où les gens sont assis, le jeu indirect est plus courant.

Après un certain temps à discuter avec votre ami et à apprécier votre bière de manière naturelle, ouvrez le groupe par-dessus les épaules. Oui, la méthode Mystery est un style de jeu parfait pour les bars. Cependant, ce n'est pas obligatoire. J'insiste simplement sur le fait qu'il est fortement recommandé pour les petits bars. Donc, ouvrez le groupe par-dessus les épaules et utilisez votre créativité pour commencer le jeu.

Il n'y a pas de règles strictes pour initier une interaction dans les bars. Je fournirai ci-dessous quelques exemples de bons ouvreurs que vous pouvez utiliser pour démarrer le jeu avec des femmes attirantes dans ces endroits.

Quelques petits exemples d'ouvreurs :

JOUEUR - Salut les filles ! Comment ça va ? - Avec un sourire. - Elles vous répondront. - Récemment, j'ai fréquenté davantage les bars du quartier [citez un quartier huppé de votre ville], et cela fait un moment depuis ma dernière visite dans ce bar. Savez-vous s'ils font encore de la musique live ici ? Vous semblez aimer la musique country ! - Souriez, puis continuez la conversation naturellement, changez rapidement de sujet et lancez votre jeu.

JOUEUR - Salut les filles ! J'ai quelque chose à vous dire... - Elles répondront quelque chose, surprises. - Vous deux semblez être les filles les plus amusantes de ce bar. - Dites-le avec un sourire, montrant clairement que vous flirtez avec elles. - Elles riront et trouveront la conversation amusante. - Vous pouvez utiliser la fameuse routine de la "gentille et de la méchante", par exemple, ou simplement dire que vous l'avez utilisée comme une "excuse" pour les connaître et continuez votre jeu de séduction à partir de là.

JOUEUR - Salut, je dois dire quelque chose : j'adore ton collier ! - Elle répondra probablement "merci" et vous continuez. - Ma tante a une boutique de bijoux et elle a des colliers comme celui-ci... Je viens de "pêcher" une nouvelle cliente pour ma tante ! - Ils sourient tous les deux et vous continuez votre jeu à partir de là.

COMMENT S'APPROCHER ET S'ASSEOIR À LEUR TABLE

Il existe plusieurs façons d'aborder les femmes dans un bar et ensuite de s'asseoir à leur table. Il n'est pas nécessaire de mémoriser quoi que ce soit, agissez simplement de manière naturelle. Ouvrez l'interaction de manière décontractée, humoristique et confiante en même temps.

Après avoir ouvert le groupe et obtenu une réponse positive, continuez à parler aux filles par-dessus les épaules, et, progressivement, tournez-vous vers leur table. Mais attention : il est crucial d'attendre le moment approprié pour "vous joindre" au groupe. Continuez à interagir, provoquez des rires et maintenez la conversation intéressante. Si vous êtes proche de votre cible, initiez un contact amical, amusez-vous et gardez la conversation captivante.

Après avoir établi un minimum de Rapport avec votre cible et le groupe, c'est le moment d'agir. Dites quelque chose à votre ami de jeu comme :

JOUEUR - Hé, pote, je pense qu'on peut joindre nos tables à celles des filles... Elles semblent être amusantes !

Ou alors :

JOUEUR - Les filles, on va s'asseoir ici avec vous, d'accord ? Mais je vous préviens tout de suite : toute forme de harcèlement et j'appelle la police ! - Sur un ton plaisant tout en tirant une chaise pour s'asseoir à la table.

Indépendamment du choix de l'opener, soyez proactif en tirant la chaise et en vous asseyant. Faites-le sans hésitation ! Vous pouvez utiliser la Technique de la Voix de Commandement (je parlerai de cette technique dans le prochain chapitre) pour augmenter votre présence. N'oubliez pas, cependant, que vous ne devez le faire que si vous voyez qu'elles apprécient votre présence et si le "Rapport minimum" a déjà été établi. Sinon, forcer la situation serait une erreur et vous seriez perçu comme un type fou qui s'assoit à la table de personnes inconnues sans même les connaître.

Une fois assis avec elles, choisissez de vous asseoir à côté de votre cible, tandis que votre partenaire de jeu reste près de la sienne. Maintenant, il est temps d'intensifier le Rapport et d'utiliser beaucoup de Kino. Adoptez une posture corporelle détendue, confiante et calme. Parlez lentement, évitez d'être un bavard répétitif. Soyez un gars cool, confiant et amusant.

À mesure que vous intensifiez le Kino et le Rapport avec les femmes avec lesquelles vous interagissez, parlez de vous-même et faites en sorte qu'elles se confient également à vous. Ne laissez pas penser qu'elles vous voient, vous et votre partenaire de jeu, comme de simples "nouveaux copains". Au contraire, laissez l'image d'hommes intéressants, amusants et séduisants qu'elles viennent de rencontrer au bar.

Individuellement, augmentez progressivement la tension sexuelle et montrez de l'intérêt pour votre cible. Faites-la se qualifier pour vous. Jouez avec elle de la même manière que vous le feriez en boîte de nuit, mais rappelez-vous que vous êtes dans un bar. Si vous remarquez des signes d'intérêt mutuel (IDIs), il est temps de conclure avec un baiser à la table même, ou si vous pensez que l'embrasser à la table ne sera pas une bonne idée à cause des amies, il est préférable d'isoler la fille !

Lorsque vient le moment de conclure, dites quelque chose comme :

JOUEUR — Ok, tout le monde ! J'ai besoin de parler en privé avec [nom de votre cible]. Rapide ! Si je ne reviens pas dans deux minutes, appelez la police pour elle ! — Vous dites cela en souriant.

Ensuite, prenez-la par la main et emmenez-la dans un endroit hors de la vue du groupe. Si ce n'est pas possible, choisissez un endroit où le groupe vous tourne le dos à tous les deux. L'objectif est d'éviter que votre cible se sente "gênée" parce que ses amies sont proches.

Arrivés à l'endroit isolé, dites avec confiance quelque chose comme :

JOUEUR — Alors, [nom de votre cible], je t'ai amenée ici pour te dire que je t'apprécie... Je te trouve intéressante... Et je pense qu'on peut maintenant se... embrasser ! — Suivi d'une prise ferme et d'un baiser.

Ou alors :

JOUEUR — Tu vois, je t'ai amenée ici pour te dire que je t'apprécie... Je ne peux pas nier que je suis attiré par toi et [en regardant les lèvres] je pense que tes lèvres me disent la même chose... — Suivi d'une caresse ferme et ensuite d'un baiser. Soyez créatif en avançant avec elle !

Après quelques baisers, retournez au groupe et continuez l'interaction naturellement, en laissant clairement comprendre que vous vous appréciez et que vous êtes ensemble. En vous quittant à la fin de la nuit, essayez de la ramener chez elle pour envisager des relations sexuelles plus tard ou, si ce n'est pas possible, demandez-lui son numéro de téléphone et, par la suite, organisez un deuxième rendez-vous. Si le bar est animé, avec beaucoup de personnes debout, c'est le moment d'utiliser le mode direct et d'aborder rapidement. Par exemple, vous êtes dans un bar animé et vous voyez une femme sensationnelle sortir des toilettes. N'hésitez pas ! Adoptez une approche directe en lui disant que vous la trouvez intéressante et menez votre jeu. Parlez-lui de manière plus suggestive, intensifiez le contact, isolez-la et concluez avec un baiser.

Comme vous pouvez le percevoir, il n'y a également aucun secret dans le jeu en bars. Il suffit de suivre ces stratégies que j'ai enseignées et, si vous agissez correctement, vos chances de succès seront très grandes.

LE JEU PAR TÉLÉPHONE

Avant de conquérir le moindre numéro de téléphone, il est impératif de bien jouer, laissant toujours cette femme avec un goût de "j'en veux plus" à votre égard. Et, cher lecteur, gardez à l'esprit que la façon dont vous menez la conversation au téléphone doit être en totale adéquation avec votre personnalité.

Dans le jeu téléphonique complexe, je suggère de suivre méticuleusement les étapes que je vais détailler lors du processus de Rapport et de planification du prochain rendez-vous. Faites-moi confiance, toutes les techniques dévoilées dans ces pages ont été soumises à des tests approfondis. Bien que j'admets l'existence d'exceptions, les stratégies que je partage dans ce chapitre ont le pouvoir d'augmenter considérablement vos chances de succès dans le jeu par téléphone ou par des applications de messagerie.

Pour simplifier la compréhension, imaginez que vous ayez rencontré une femme éblouissante dans un transport en commun, un centre commercial ou une boutique au centre-ville. Votre performance avec elle était magnifique : vous avez entamé la conversation de manière naturelle, avez habilement utilisé des fausses pistes temporelles, tissé des histoires intrigantes qui l'ont maintenue à rire et réticente à prendre congé. Compte tenu des circonstances, telles que le lieu, l'heure et d'autres facteurs (comme les engagements personnels), vous avez choisi, judicieusement, de ne pas essayer de l'embrasser sur place. La rencontre s'est terminée par l'échange de numéros de téléphone, laissant une séparation pleine d'attentes.

Dans ce cas, c'était le choix le plus avisé, un étalonnage précis qui a évité tout signe de désespoir, compromettant potentiellement tout le jeu. Maintenant, avant même de songer à obtenir le moindre numéro de téléphone, il est impératif d'exécuter un jeu exemplaire, laissant la femme avec ce goût irrésistible de "j'en veux plus" à votre égard. Cela fait, assimilez méticuleusement les stratégies que je vais détailler ci-dessous.

Pour obtenir le numéro de téléphone, après avoir créé un bon rapport au cours du dialogue, dites quelque chose comme :

JOUEUR — Hé, j'ai aimé parler avec toi... Tu as l'air amusante. Mets ton numéro ici... — Passez-lui votre téléphone pour qu'elle note le numéro. — Je te rappellerai plus tard !

Si vous avez suivi les étapes correctement, elle vous fournira son numéro de téléphone. En faisant cela, incitez-la à transmettre le numéro sans courir le risque de l'écrire incorrectement. Faites-le avec subtilité, comme si c'était la chose la plus naturelle au monde. Après avoir obtenu le contact, ne partez pas immédiatement. Continuez la conversation pendant un certain temps et, si vous ne pouvez pas conclure par un baiser, prenez congé en utilisant une fausse piste temporelle, par exemple :

JOUEUR — Bon, je dois y aller maintenant... Mes amis m'attendent. On se voit plus tard ! — Maîtrisez vos impulsions et partez sans hésiter. Cela suscitera un désir ardent de vous revoir.

EN CE QUI CONCERNE L'ATTENTE ET LA CONDUITE LORS DE L'APPEL TÉLÉPHONIQUE ?

Si vous avez obtenu le numéro un samedi, par exemple, appelez le lundi ou le mardi. Attendez deux ou trois jours avant d'appeler. Cet intervalle montre que vous n'êtes pas désespéré et que vous avez des engagements et des responsabilités, signalant que vous avez une vie et n'êtes pas constamment disponible - une caractéristique très attrayante pour les femmes !

Le premier appel est d'une importance capitale, donc évitez les erreurs. Appelez à des heures convenables, entre 19h30 (quand elle sera probablement chez elle après le travail) et au plus tard 21h00 (avant l'heure du coucher). Alternativement, vous pouvez appeler pendant l'heure du déjeuner, entre 12h00 et 13h00, de préférence au début de cette période pour ne pas perturber son travail et augmenter les chances qu'elle réponde à votre appel.

Parlez au téléphone comme si vous étiez de vieux amis. C'est la clé ! Adoptez une attitude calme, détendue et confiante, en souriant toujours. L'objectif est de créer naturellement un environnement de confort à travers votre attitude. N'attendez pas qu'elle prenne l'initiative dans le rapport, c'est à vous de créer cela, en transmettant tranquillité et sécurité. Souvenez-vous toujours que vous êtes le prix, pas elle. Par conséquent, votre manière de parler et de communiquer doit refléter cela à travers des subcommunications subtiles.

Après des années de pratique, voici les quatre étapes à suivre lors du premier appel. Chaque étape a un objectif spécifique. Le "Pas 1", par exemple, vise à évoquer le souvenir précis du moment où vous vous êtes rencontrés et qui vous êtes. Quant au "Pas 2", il vise à entamer une conversation amusante tout en démontrant de manière indirecte une valeur supérieure. Explorons donc ces quatre étapes avec quelques exemples pour illustrer ces techniques sophistiquées.

ÉTAPE 1 – PONT ÉMOTIONNEL : Établissez un pont émotionnel dès le début de l'appel. Lorsqu'elle répond et dit "Allo !", ne révélez pas immédiatement votre identité. Au lieu de cela, dites quelque chose qui la fera se souvenir de vous et du lieu où vous vous êtes croisés, créant une touche de "mystère" et d'humour.

JOUEUR — [passe l'appel]

FILLE — Allo !

JOUEUR — Tu sais, j'y pensais et je pense que je préfère les glaces à la fraise... Tout le monde aime celles au chocolat... — Cela la fera se rappeler, par exemple, du jour où vous vous êtes rencontrés dans une crèmerie lors d'un paisible dimanche après-midi.

FILLE — Ahhhh... Salut... — Elle rit — Ça va ?!

JOUEUR — Je vais très bien, et toi ? — Passez ensuite à l'étape 2.

ÉTAPE 2 — HISTOIRE DRÔLE : Après l'étape 1, poursuivez l'appel avec une histoire amusante.

JOUEUR — Veux-tu savoir ce qui m'est arrivé hier ? Tu ne devineras jamais ! — Racontez une histoire amusante mettant en valeur votre valeur sociale, comme par exemple, un incident hilarant impliquant un gars qui a osé toucher vos fesses dans les toilettes d'un centre commercial et a réussi à s'enfuir avant que vous puissiez réagir. Soyez créatif !

ÉTAPE 3 — CONVERSATION DÉCONTRACTÉE :

Maintenant, vous pouvez avoir une conversation décontractée. Demandez-lui comment s'est passée sa journée et découvrez ce qui a été intéressant. Adoptez une attitude naturelle, n'oubliez pas de sourire pendant le dialogue, car cela sera perceptible et rendra la conversation plus agréable. Bien sûr, n'oubliez pas de dire que vous avez apprécié de la rencontrer !

ÉTAPE 4 — FERMETURE :

La fermeture est extrêmement importante. Ne prolongez pas trop l'appel et, lorsque vous réalisez qu'elle est intéressée et que la conversation est animée, prenez congé (en utilisant éventuellement une Piste Fausse de Temps) et terminez l'appel. Vous pouvez dire, par exemple :

JOUEUR — Bon, je dois raccrocher maintenant. J'ai quelques choses à régler. On continue notre conversation plus tard, d'accord ?!

D'une manière telle, cela laisse la porte ouverte à une suite, sous-entendant qu'il y aura une prochaine conversation, ce qui est exactement ce que vous souhaitez. Cependant, il y a quelques considérations importantes à garder à l'esprit, que j'expliquerai ci-dessous.

Ne l'invitez pas à sortir lors du premier appel ! Si vous le faites, cela peut ruiner le jeu, car elle pensera que votre approche n'a qu'un seul objectif et que vous êtes comme tous les autres. En évitant l'invitation dès le début, vous soulignerez votre différence, montrant que vous n'êtes pas désespéré et que vous ne l'avez pas invitée immédiatement. Cependant, comme c'est courant, il y a toujours des exceptions à cette règle. Lorsque la femme montre un intérêt évident et une réaction plus "sexuelle" envers vous, dans ce cas, il n'a pas de sens de ne pas l'inviter à sortir lors du premier appel.

C'est fait ! Si vous avez suivi les étapes jusqu'ici, vous suivez le bon chemin avec la femme et les perspectives sont prometteuses. À partir de maintenant, les choses se dérouleront naturellement entre deux personnes qui apprennent à se connaître. Environ deux jours plus tard, envoyez un message avec une histoire amusante, en maintenant la légèreté. Si elle répond, c'est un excellent signe. Pendant ces conversations intrigantes par téléphone ou échanges de messages, il est impératif de créer une tension sexuelle et d'éveiller son intérêt à sortir avec vous. Alors, si, à partir du deuxième appel, vous constatez que vous avez établi un solide rapport, envisagez de l'inviter à sortir. Cependant, je conseille de réserver cette invitation pour le troisième appel, de préférence. Je comprends que beaucoup peuvent ressentir l'envie de faire l'invitation immédiatement, mais nous ne voulons pas courir le risque que quelque chose dérape, n'est-ce pas ? Ainsi, suivez ces orientations.

COMMENT L'INVITER À SORTIR

Eh bien, vous ne devez pas simplement dire : "Veux-tu sortir avec moi ?" Cela la laisserait simplement perplexe. Où est l'homme confiant ? Celui qui prend l'initiative et mène sa propre vie ? En posant une question de ce genre, vous lui laissez le contrôle de la situation, et ce n'est pas ce que nous recherchons. Pour maintenir votre posture de prix, transmettez que vous menez une vie intéressante et qu'elle peut y participer si elle le souhaite.

Dites quelque chose comme :

JOUEUR — Alors, [nom de votre cible], je prévois d'aller au bar "X" demain. C'est un endroit incroyable, avec de la musique live, des gens intéressants et une atmosphère super agréable. Tu devrais venir avec moi ! — Cette phrase contient des éléments qui l'incitent à venir avec vous où vous voulez.

FILLE — Hum... Ça a l'air bien... À quelle heure tu y vas ?

JOUEUR — Je prévois d'arriver vers 20 heures !

FILLE — Ah... Allons-y alors... C'est d'accord !

JOUEUR — Génial... Je viendrai te chercher à 19h30 ! — À ce moment, vous montrez de la fermeté et de la détermination, définissant l'heure et prenant le contrôle de la situation.

Cette stratégie est très efficace. En vous exprimant de cette manière, dans son esprit, l'idée est que si elle ne vient pas, vous irez de toute façon. Vous comprenez ? Cela génère de l'attraction ! Au deuxième rendez-vous, concentrez-vous sur l'augmentation du Rapport et l'intensification de la tension sexuelle pour ouvrir la voie au baiser tant attendu (je parlerai davantage de la "tension sexuelle" dans le prochain chapitre).

En résumé, le jeu par téléphone implique d'obtenir le numéro de la femme (indirectement, sans montrer de besoin), de construire un solide rapport au fil de quelques appels ou messages, et, au moment opportun, de l'inviter à un rendez-vous, concluant habilement le jeu.

ACTIVATION DES BOUTONS D'ATTIRANCE DANS VOS CONVERSATIONS

Il existe des débats interminables dans la communauté de la séduction sur l'utilisation de matériel préfabriqué dans le jeu pour activer les "boutons d'attraction" lors de vos conversations avec les femmes. Les routines ou le matériel préparé sont des phrases ou des approches que vous utilisez pour entrer dans des groupes, créer un rapport, démontrer les qualités d'un Mâle Alpha et susciter l'attraction chez les femmes.

Ces routines sont testées à plusieurs reprises jusqu'à ce qu'elles soient considérées comme utiles par consensus dans la communauté de la séduction. Certaines routines célèbres incluent "Qui ment le plus, les hommes ou les femmes ?", la "routine de l'anneau" et des routines pour conclure avec un baiser, entre autres.

La communauté de la séduction en regorge, et il vous revient, si vous décidez de les utiliser, de choisir celle qui convient le mieux à votre style de jeu. Un manuel excentrique sur les routines, écrit par Nick Savoy et The Don de l'entreprise de séduction Love Systems, est le "Love Systems Routines Manual". Il a été élaboré pour aider les hommes à entamer des conversations avec n'importe quelle femme et, en même temps, à démontrer de la valeur.

Dans ce chapitre, j'aborderai pourquoi de nombreux PUAs renommés utilisent et recommandent l'utilisation de matériel ou de routines pendant le jeu de séduction. Le terme "intermittent" est essentiel pour comprendre comment ces techniques sont appliquées. Il fait référence à une approche non séquentielle, sans être utilisée de manière continue comme une mitraillette tirant en rafales. L'utilisation intermittente implique d'interrompre et de redémarrer l'utilisation de matériel à des moments stratégiques lors de l'interaction avec les femmes.

Commençons par citer certains maîtres de la séduction qui adoptent l'utilisation de matériel dans le jeu pour susciter l'attraction chez les femmes. Parmi eux, on trouve Mystery, Matador, J-Dog, Lovedrop, Sinn, Style, Ross Jeffries, Discovery, Mehow, Swinggcat, Cajun, Savoy et de nombreux autres PUAs renommés. Ce sont ces experts que nous allons écouter parler de l'utilisation intermittente de matériel.

Mehow, un maître de la séduction, dans son livre "Get the Girl: A Pickup Artist's Guide to Reclaiming Your Love Life", aborde la question d'être "totalement naturel" par rapport à l'utilisation de matériel pendant le jeu. Il existe un débat continu dans la communauté de la séduction sur laquelle des deux approches est la plus efficace : le jeu préfabriqué, avec l'utilisation de matériel et de routines, ou simplement le jeu naturel, où l'on dépend uniquement de la "vibe" et de la spontanéité. Quelle est la meilleure option ?

La réponse cruciale est qu'il est nécessaire d'apprendre les deux méthodes pour devenir un maître de l'art de la séduction. Dans le jeu naturel, vous interagissez avec les femmes de manière spontanée, sans scénario spécifique pour ce que vous dites. Vous êtes simplement vous-même. Cependant, même dans le jeu naturel, il existe une structure générale flexible que vous suivez, même inconsciemment. Le jeu naturel dépend fortement de bonnes compétences en conversation et en improvisation. Vous devez être communicatif, avoir de l'aisance et prendre toujours l'initiative. Cependant, le problème avec cette approche, selon des joueurs célèbres qui utilisent des routines, est que, sans apprendre des parties spécifiques de matériel préfabriqué, vous n'apprendrez pas à transmettre des subcommunications de qualités attractives et à susciter des émotions chez les femmes.

La subcommunication est l'impression, l'image ou l'effet que vous créez à travers vos attitudes, vos vêtements ou votre présence. C'est une forme de communication indirecte, non verbale, que les femmes perçoivent généralement mieux. Par exemple, vous subcommuniquez le pouvoir lorsque vous bougez, vous habillez et parlez comme quelqu'un de confiant et puissant. Si vous voulez réussir avec les femmes, il est nécessaire de subcommuniquer des qualités attractives et de susciter des émotions positives en elles.

Selon Mehow, le jeu purement naturel est comme un tir à la cible, où vous pouvez réussir ou échouer lamentablement. Il existe certaines femmes qui sont plus difficiles à conquérir, surtout celles considérées comme très attirantes (communément appelées dans la communauté "Hot Babe 10" ou "HB10"). Ces femmes attirent beaucoup l'attention des hommes dans les bars et les discothèques, et faire confiance uniquement aux approches purement naturelles peut être risqué, selon l'avis de certains MPUAs. Après tout, s'il y a seulement une femme éblouissante dans la boîte de nuit, allez-vous faire confiance uniquement à votre habileté naturelle pour la conquérir ? En revanche, ces méthodes basées sur les "pick-up lines" sont souvent rejetées immédiatement par les femmes, car elles démontrent un manque de naturel et une faible créativité.

Revenons à la question : s'il n'y a qu'une seule femme magnifique dans la boîte de nuit, comptez-vous uniquement sur votre habileté naturelle pour la conquérir ? La réponse, selon Mehow et d'autres MPUA utilisant des techniques préétablies, est NON. Paradoxalement, l'utilisation de séquences pré-planifiées, également connues sous le nom de stacking ou stack list, peut sembler superficielle et étrange pour beaucoup de gens. Le stacking implique l'utilisation de routines et de matériel pré-testés, ayant une probabilité élevée de générer des résultats positifs. Il est important de convenir qu'il est difficile de réussir dans un environnement social si vous répétez toujours les mêmes choses. La monotonie peut devenir un obstacle majeur. Cependant, un stacking bien élaboré peut accroître votre cohérence et votre constance dans l'attraction et la séduction de femmes extrêmement séduisantes.

De nombreux joueurs utilisant des techniques argumentent ironiquement que les "joueurs naturels" répètent également les mêmes histoires maintes et maintes fois, bien que certains affirment que l'utilisation de matériel est "étrange". Cependant, toute personne ayant des compétences d'observation de base remarquera que même les joueurs naturels suivent un schéma de comportement et une logique d'attraction pendant l'interaction. Par exemple, lorsqu'un homme mentionne qu'il est le neveu ou l'ami d'un chanteur célèbre, même si c'est vrai, il démontre sa valeur et suscite de l'attraction chez la femme. C'est une façon de transmettre un "statut" et de se démarquer des autres.

Ainsi, l'utilisation intermittente de matériel pendant le jeu de séduction est une stratégie efficace pour transmettre des qualités attractives, susciter des émotions et augmenter les chances de conquérir des femmes séduisantes. Cependant, il est important de développer des compétences naturelles de conversation et d'improvisation pour garantir une approche authentique et cohérente. La combinaison de ces deux aspects est essentielle pour devenir un maître du jeu !

Selon cette logique, et je partage pleinement cette vision, en apprenant toutes les techniques, vous deviendrez un maître dans la transmission de qualités attractives et ferez en sorte que les filles soient complètement séduites par vous. Une fois que vous maîtrisez ce qui est fondamental - la subcommunication -, alors vous pouvez combiner votre jeu avec n'importe quel style que vous préférez. Mon jeu actuel est un mélange des deux méthodes (directe et indirecte), mais j'utilise également un peu de matériel préparé à des moments spécifiques, notamment lorsque j'utilise le jeu indirect.

La méthode Mystery, développée par Erik Von Markovik, utilise du matériel pré-préparé. Selon lui, si une routine ou une histoire de DVS a été intériorisée, elle est prête à être utilisée. Un joueur peut utiliser du matériel préparé pour obtenir des réponses cohérentes et puissantes sur le terrain de la séduction. Pendant l'interaction, cela devient un outil très intéressant. Cependant, même s'il est largement utilisé par les PUAs du monde entier, aucune routine ne doit devenir une "béquille" pour le joueur. De plus, il est crucial que le joueur ait des compétences pour mener des conversations naturelles.

Comme Mehow nous l'enseigne, la vérité est que la combinaison des deux est le jeu idéal.

Selon l'avis de Mystery, la capacité du joueur à interagir socialement est incomplète sans la compétence d'utiliser du matériel préparé de manière cohérente. Il recommande de créer une liste de matériaux à pratiquer sur le terrain. Cela inclut les stratégies d'ouverture de groupes, les routines, les histoires de DVS, les negs, et ainsi de suite. En pratiquant ces routines, aborder des groupes devient quelque chose de naturel et spontané. Avec le temps, des schémas émergent et les situations deviennent plus prévisibles. Les défis sociaux sont découverts et résolus facilement. Une fois qu'une routine a été utilisée des centaines de fois, vous n'avez même plus besoin de réfléchir à ce que vous dites. Selon Mystery, vous êtes libre de penser à d'autres choses, comme la logistique du jeu et comment les choses se déroulent. Alors que la cible est attentive à vos réponses, vous avez déjà eu cette conversation d'innombrables fois auparavant - exploré tous les sujets de réponses qui pourraient découler de ce matériel. C'est comme voir l'avenir se dérouler devant vous, comme le dit Mystery.

Bien qu'il soit possible de trouver diverses routines et histoires dans le livre "The Mystery Method: How to Get Beautiful Women Into Bed", dans le "Love Systems Routines

Manual" et sur de nombreux forums de séduction dans le monde entier, il est recommandé que, à moyen et long terme, vous développiez votre propre matériel si vous décidez de l'utiliser. Nous courons tous le risque d'utiliser une routine spécifique avec une femme qui l'a déjà entendue auparavant. Avec le temps, vous devriez commencer à pratiquer des routines et à raconter des histoires qui sont cohérentes avec votre propre personnalité. Elles seront plus authentiques et vraies simplement parce qu'elles émanent de vous-même. Cependant, il est important de souligner qu'il est également possible d'utiliser le matériel d'autres personnes - d'ailleurs, cela est assez courant parmi les joueurs.

Un fait important à savoir est que la manière dont vous utilisez une histoire ou une routine est bien plus importante que son contenu. Les femmes ont une intuition aiguisée pour les comportements subtils des hommes. Le contact visuel, le ton de voix, le langage corporel, etc. Il est nécessaire de se concentrer davantage sur la "livraison" du matériel que sur la routine elle-même. L'utilisation de matériel vous permet d'automatiser les aspects verbaux de l'interaction, vous permettant de vous concentrer davantage sur la livraison. Même vos conversations spontanées et naturelles en bénéficieront.

Dans le livre "Real World Seduction", Swinggcat décrit quelque chose de fascinant sur les formes ou routines de démonstration de valeur supérieure et comment cela suscite l'attraction chez les femmes. Il rappelle que les Mâles Alpha de nombreuses espèces animales font de la publicité ou montrent certains "signaux" pour que les femelles sachent qu'ils sont en bon état pour la survie et, par conséquent, sont des partenaires dignes d'accouplement. Analogiquement, nous, les hommes, pouvons montrer des qualités attractives aux femmes grâce à certains matériaux ou comportements.

Cris Odom, l'auteur du célèbre livre "Revelation", mentionne quelque chose d'intéressant sur les démonstrations de valeur supérieure par le biais de l'utilisation de matériel : "La valeur... c'est votre capacité à susciter l'attraction par les mots et les actions. Le concept abstrait de valeurs de survie et de reproduction devient concret grâce à des activateurs discrets que nous incorporons dans nos mouvements et nos conversations, dans le but de convaincre des valeurs élevées de survie et de reproduction. Les gens font confiance à ces émotions liées à la valeur pour prendre des décisions sociales, excluant les perdants, s'alignant sur les gagnants et cherchant un partenaire" (Cris Odom).

Cris Odom rappelle qu'une partie essentielle de notre capacité à évaluer les valeurs relatives réside dans notre sensibilité à percevoir les indices sociaux autour de nous. Ces indices sociaux se manifestent à travers notre façon de nous habiller, les mots que nous choisissons, les personnes avec lesquelles nous interagissons, et bien plus encore.

Mystery est connu pour utiliser fréquemment des Openers indirects, dans lesquels il intègre DVS pour susciter l'attraction chez les femmes. Un exemple courant de cela est l'utilisation d'Openers d'opinion, popularisés par Style. Cependant, dans le livre "Revelation", il est clair que Mystery n'utilise pas aussi fréquemment des Openers d'opinion dans son jeu. En fait, il y a une énergie différente dans la façon dont Mystery aborde les groupes.

Voici quelques exemples de Mystery :

MYSTERY — J'ai pris ça d'une fille... [Montrant son pendentif] Elle me l'a donné... Elle était la fille de mes rêves... J'ai fini par perdre contact avec elle et maintenant je garde ce pendentif.

MYSTERY — [Sortant une huître de la mer de sa poche et la mettant dans sa paume] Hé, regardez ça... n'est-ce pas incroyable ? N'est-ce pas magnifique ? Oui, mes amis et moi avons trouvé cela sur la jetée de Santa Monica... C'est un souvenir... N'est-ce pas merveilleux ?

Dans les exemples précédents, Mystery utilise des DVS intégrées. En disant "J'ai pris ce collier d'une fille, ma fille de rêve...", il active l'interrupteur d'attraction de la "pré-sélection" et l'interrupteur de connexion de l'acceptation. En disant : "Mes amis et moi avons trouvé cela sur la jetée de Santa Monica", il active l'interrupteur d'attraction de la "valeur sociale".

Lorsque vous racontez des histoires de DVS ou utilisez un Opener incorporant des interrupteurs d'attraction indiquant "présélection, protection des proches, valeur sociale, vulnérabilité émotionnelle ou leadership", vous suscitez de l'attraction chez les femmes.

Cependant, il est indiscutable que vous ne devez pas utiliser des routines ou des histoires de DVS tout le temps. Cela sera trop artificiel. Cependant, il est nécessaire d'activer les interrupteurs d'attraction d'une manière ou d'une autre. Les individus naturels le font sans s'en rendre compte, en mentionnant, par exemple, qu'ils ont étudié à l'Université de Harvard ou qu'ils sont des amis intimes d'un duo de chanteurs célèbres. Ils ont conscience (inconsciente) que ces choses suscitent l'intérêt des femmes.

Il est important de comprendre que quelque chose doit être différent dans vos conversations et que vous devez attirer l'attention des femmes d'une manière ou d'une autre. Être simplement "vous-même" ne génère généralement pas l'attraction souhaitée. Il est nécessaire d'activer les "boutons d'attraction" qui démontrent les caractéristiques du Mâle Alpha.

Cependant, vous devez agir toujours de la manière la plus naturelle, car mon objectif n'est pas de vous transformer en un "robot social". Cependant, essayez d'incorporer quelque chose dans vos conversations qui démontre les caractéristiques attrayantes d'un Mâle Alpha, qui transmet de la valeur et active le "bouton d'attraction" chez les femmes. "L'attention suit la valeur", a affirmé un jour le MPUA Lovedrop. Par conséquent, d'une manière ou d'une autre, attirez leur attention dans vos conversations!

Voici un exemple simple : lors d'une conversation avec quelques filles dans la zone de restauration d'un centre commercial, si vous dites que vous avez eu des petites amies, leur réaction sera assez commune (bien que déjà quelque chose à mentionner). Cependant, si vous dites dans cette même situation que votre ex-petite amie était une "mannequin", je suis sûr que la réaction des filles sera très différente. Elles ressentiront de l'attraction et seront beaucoup plus curieuses en raison des valeurs de "présélection" que vous avez transmises à travers cette histoire.

Mais le plus important dans la création de valeur par l'utilisation de matériel est que cela doit être fait de manière subtile, indirecte et naturelle. Sinon, vous paraîtrez arrogant et votre jeu sera ruiné. Lâchez ces informations comme une pierre tombant dans une rivière. Laissez-les simplement tomber et passez à un autre sujet, l'attraction se créera d'elle-même. Votre objectif est de démontrer que vous êtes un homme de grande valeur et de susciter l'attraction chez les femmes.

Avant que vous ne posiez la question, laissez-moi expliquer : je ne suggère pas que vous mentiez. Ne mentez pas ! Vous savez quand vous dites quelque chose qui peut ne pas sembler très intéressant au premier abord ? C'est très courant, n'est-ce pas ? Vous pouvez "omettre" certaines choses et "mettre en avant" d'autres pour résoudre ce problème. Par exemple, au lieu de dire que vous êtes un "téléconseiller" (c'est juste un exemple ; la profession est admirable), vous pouvez dire que vous travaillez dans un "centre de relations clients" d'une entreprise renommée ou multinationale - le cas échéant. Vous remarquez comment cela sonne beaucoup mieux et a un plus grand impact ? Démontrez de la valeur et soyez créatif dans cet aspect.

Bien sûr, simplement suivre une routine mécaniquement ou raconter une histoire ne suffit pas. Vous devez savoir jouer le jeu, savoir quand incorporer des histoires de DVS, lâcher des Negs, et ainsi de suite.

Comme vous pouvez le constater, le simple fait d'être simplement "vous-même" ne crée pas d'attraction chez les femmes. Ron Louis et David Copeland, dans "How to Succeed with Women", affirment : "Dans les situations de séduction, il est essentiel de révéler des parties différentes de vous-même que vous ne montrez pas à d'autres moments de votre vie".

Elles ont besoin de voir quelque chose de différent en vous. Et bien sûr, en plus de cela (l'utilisation de matériel), vous devez avoir une communication non verbale confiante, une posture de Mâle Alpha, une intonation vocale appropriée, le sens de l'humour, la calibration et l'escalade kino.

En résumé, cette combinaison de jeu naturel avec l'utilisation intermittente de matériel est la formule parfaite dans le jeu de la séduction. Lorsqu'elle est ajoutée à votre style vestimentaire, votre manière de parler et votre comportement, cela transmettra aux femmes que vous êtes un homme de grande valeur et elles seront attirées par vous.

COMMENT ÊTRE TOUJOURS PRÊT POUR LE JEU

Ancrez, quotidiennement, des états mentaux qui vous préparent au jeu ! Rappelez-vous, "l'état" est la somme totale de tous les processus neurologiques en vous à un moment donné. L'état dans lequel vous vous trouvez filtrera et affectera le résultat final de vos interactions sociales.

Ce chapitre peut véritablement transformer votre jeu, abordant un aspect crucial lié au Inner Game. Autrement dit, vous serez dans l'"état idéal" pour le jeu, avec la bonne énergie et une disposition élevée, prêt à séduire n'importe quelle femme.

L'instabilité dans le jeu interne est quelque chose d'extrêmement courant parmi la plupart des joueurs. Après plusieurs années, j'ai réalisé que tout cela découle de votre jeu interne, de votre état émotionnel. Richard LaRuina, dans "The Natural Art of Seduction", appelle cet état idéal "être dans la zone". C'est quand vous possédez toutes les qualités nécessaires pour le jeu et, surtout, vous le ressentez.

Quand vous êtes dans la "zone", vous vous sentez l'homme le plus confiant du monde ! Vous croyez que tout ira bien, que tout est en votre faveur, que rien ne vous affecte. Vous vous sentez incroyable, leader du groupe, avec pré-sélection, avec preuve sociale. Votre énergie et votre confiance émettent une vibe incroyable, capable de séduire n'importe quelle femme.

Cependant, la question se pose : comment maintenir cette "vibe" ? Comment soutenir cet "équilibre" constamment ? Comment rester toujours dans cet état émotionnel de pouvoir ? Malheureusement, ce n'est pas toujours facile. La grande majorité des joueurs connaît des variations dans leur état émotionnel - un jour ils sont très confiants, le lendemain, tourmentés par l'anxiété de l'approche. L'anxiété de l'approche, aussi connue sous le nom de "AA", est cette tension interne ou cette peur ressentie par de nombreux hommes juste avant d'aborder. C'est cette sensation de "froid dans le ventre" ou de "voix dans la tête" vous disant de ne pas avancer.

Une chose est sûre : nous sommes des êtres humains et nous sommes sujets à des variations d'humeur ou d'état mental. C'est normal et cela arrive à tout le monde. Cependant, dans le domaine de la psychologie et, surtout, de la séduction, il existe plusieurs façons de "former" votre cerveau pour maintenir cet état émotionnel de pouvoir, de vibe et de confiance - quelque chose qui peut influencer toutes les zones de votre vie tout au long des 24 heures de votre journée.

Oui, la PNL et d'autres ressources mentales peuvent être utilisées pour atteindre cet objectif. Pour plus d'informations sur la PNL, je recommande la lecture du livre "Unlimited Power" d'Anthony Robbins. Cette œuvre relate des découvertes importantes sur la maîtrise du cerveau, en particulier en ce qui concerne les "ancrages", sujet qui sera abordé par la suite pour vous aider à maintenir l'état idéal pour le jeu.

ANCRER DES ÉTATS MENTAUX POUR LE JEU

Chaque joueur ancre des états mentaux, le plus souvent de manière inconsciente. L'ancrage, en PNL, est le processus d'association, de manière inconsciente et automatique, d'une réaction interne à un stimulus externe. Tout le monde le fait, mais la plupart ne s'en rendent pas compte. Cependant, la question est : comment le faire de manière volontaire, et non involontaire ?

Avez-vous déjà été dans une situation où vous sortez pour jouer, repérez un groupe et restez paralysé, mais immédiatement après, vous avez visualisé une image, un son, une vidéo, un extrait d'un livre ou toute autre forme de mentalisation, et l'anxiété de l'approche a simplement disparu, vous donnant une impulsion inexplicable pour y aller et faire ce qui devait être fait ? Je suis sûr que vous avez déjà vécu cela. Tout le monde le fait, consciemment ou inconsciemment.

Je fais référence précisément à cette "impulsion" ou à cet ancrage. Nous devons le faire tous les jours, mais de manière consciente, afin que notre cerveau assimile et intègre cette mentalisation, la rendant essentielle à notre être. Autrement dit, cela deviendra tellement intrinsèque en vous qu'il ne pourra plus être enlevé, car vous l'aurez ancré.

Chaque fois, par exemple, que je relis "Revelation" de Cris Odom, en particulier le chapitre "Zen Of Cool", je ressens une vibe inexplicable. C'est exactement ainsi que je me sens dans mes meilleurs états pour le jeu. J'ai une envie folle de sortir et d'aborder toutes les femmes magnifiques qui croisent mon chemin dans les rues. C'est comme si j'étais Cupidon lui-même, armé d'un arsenal d'énergie et de confiance. Les passages du livre qui influent le plus sur mon état sont "The Flame" et "The Ghost". Je recommande vivement la lecture de cette œuvre.

Alors, comment diable pouvons-nous faire cela ? Comment pouvons-nous rester dans cet état idéal ? Eh bien, la réponse est en vous, mon ami. Il est nécessaire de trouver quelque chose d'interne ou d'externe qui puisse ancrer cet état. Les options sont vastes, mon ami. Vous pouvez définir un rappel sur votre téléphone pour sonner tous les jours, ou même dessiner un symbole ridicule sur votre bras ou votre main avec un stylo - cela peut sembler idiot, mais voyez-vous, Richard LaRuina, le maître de la séduction, écoutait des affirmations positives sur lui-même dans un MP3 tous les jours jusqu'à ce qu'elles deviennent une partie intrinsèque de son cerveau. Et regardez les résultats que le gars a obtenus.

Créez un moyen qui vous rappelle ce livre, cette vidéo, cette musique, ou même l'image d'un Mâle Alpha qui vous met dans cet état. Chacun trouvera sa propre forme d'ancrage, mon ami. Découvrez la vôtre et pratiquez-la tous les jours.

Une autre technique intéressante et largement utilisée par de nombreuses personnes est de "modéliser" le comportement d'un PUA en particulier. Modéliser signifie imiter ou apprendre les secrets de l'excellence comportementale, en dupliquant les stratégies neurologiques de ces modèles qui ont déjà découvert les réponses les plus efficaces pour faire face aux défis de la vie.

Cela implique d'observer et de cartographier les processus de succès qui forment la base d'une performance exceptionnelle. Comme le dirait Robert Dilts, l'homme qui comprend la PNL, la modélisation du comportement "implique d'apprendre les processus par lesquels ces modèles génèrent des comportements qui conduisent à des résultats spécifiques et de les reproduire, selon nos besoins et notre contexte". Ainsi, sans aucun doute, "modéliser" est une manière fantastique d'entrer dans la "zone", en imitant ou en se basant sur les comportements de personnes réussies.

Si vous utilisez ces techniques tous les jours, cher lecteur, vous resterez dans cet état de pouvoir et rien ne pourra vous ébranler. Même si, pour quelque raison que ce soit, vous ne parvenez pas à conquérir la fille, vous vous promènerez en souriant et dégageant une vibe incroyable, confiante, amusante et contagieuse, car naturellement, vous aurez une estime de soi élevée grâce à ces ancrages. N'oubliez pas, si vous changez votre esprit, vos comportements et résultats changent également.

Une autre chose sensationnelle qui vous met dans cet état est de "sourire". Oui, simplement sourire. Lorsque nous le faisons, des hormones commencent à bouillonner en nous, libérant des endorphines dans notre corps, nous laissant euphoriques et heureux, prêts pour le jeu. Comme l'a déjà dit Style, l'art de la séduction est l'art de se sentir bien avec soi-même. Votre état d'esprit doit être au sommet. Vous devez être heureux et bien, car ainsi, mon ami, la probabilité de succès est immense.

Alors, découvrez quelle est la bonne ancre pour vous et utilisez-la tous les jours. Votre cerveau la transformera en réalité et votre jeu ne sera plus jamais le même. Vous pourrez séduire la fille que vous voulez, n'importe où et n'importe quand, car votre état mental vous le permettra.

Ah, et il y a une autre technique fantastique pour vous mettre dans cet état et, surtout, pour ouvrir n'importe quel groupe. Je vais parler d'un sentiment, d'une ancre, pour que vous n'ayez jamais à abandonner l'ouverture d'un Set par manque de courage, de peur ou d'indécision.

Regardez, toutes mes petites amies (oui, j'ai dit "toutes"), des relations à moyen ou long terme, ou même des aventures d'une nuit, ont toutes résulté de l'ouverture de Sets - toutes !

Vous connaissez ce moment où vous voyez une fille époustouflante passer devant vous et que vos hormones commencent à bouillonner, tandis que vous ressentez une certaine peur de vous approcher, que vous hésitez à y aller ou non ? Bref, connaissez-vous toutes ces sensations liées à la maudite anxiété d'approche ? Eh bien, cher lecteur, quand cela se produit, vous devez vous dire à vous-même et à votre esprit ce qui suit : "un Set que je ne prends pas, c'est une femme de moins avec qui je pourrais coucher".

Comprenez-vous le pouvoir de cette pensée (ancrage) ? C'est une question logique. Si vous vous arrêtez et réfléchissez un peu, vous réaliserez que toutes les femmes que vous avez embrassées, avec qui vous avez couché ou avec qui vous avez eu une relation (même si dans le passé elles n'étaient pas exactement le type de femme que vous visez aujourd'hui) sont le résultat de votre initiative, de l'acte de les approcher, de venir vers elles, d'aborder la femme, de montrer votre visage. Que cela fonctionne ou non, cela n'a pas d'importance. Ce qui compte, c'est que vous vivez le moment présent et ne cessez pas de faire ce que vous voulez ; vous ne vous inquiétez pas des résultats. Vous allez simplement là-bas et faites ce qui doit être fait !

C'est exactement cette ancre de "un Set que je ne prends pas, c'est une femme de moins avec qui je pourrais coucher" qui vous poussera à ouvrir n'importe quel groupe et à faire votre jeu – que ce soit avec une fille notée 10 ou autre chose. Ce type de sentiment ou d'ancrage peut incroyablement vous aider à ouvrir n'importe quel groupe. Il active automatiquement le détachement des résultats et vous pousse à agir. Tout est dans votre esprit, mon ami.

COMMENT AMENER LES FEMMES AU LIT

Aucune femme ne se rendra dans votre lit si elle ne se sent pas connectée d'une manière ou d'une autre... Créez du Rapport et une tension sexuelle, et alors, vous obtiendrez ce que vous voulez ! Souvent, la plupart des hommes ont du mal à passer de la phase de confort à la phase de séduction (sexe). Ils peuvent être sociables et amusants, mais finissent par tomber dans la redoutée "Friend Zone" parce qu'ils ne savent pas comment agir pour amener les femmes au lit. Atteindre le sexe est sans aucun doute l'objectif principal du jeu, mais cela n'est souvent pas facile à réaliser. Dans ce chapitre, je vais vous apprendre comment amener rapidement et naturellement les femmes au lit, permettant ainsi que le sexe se produise inévitablement.

Il est important de souligner qu'aucune femme ne se rendra dans votre lit si elle ne se sent pas connectée d'une manière ou d'une autre. Enivrer une femme n'est certainement pas la meilleure approche, comme le font de nombreux hommes à tort. Si cela se produit, il y a de fortes chances que vous ne la revoyiez plus jamais, en raison de la "haine mortelle" qu'elle ressentira envers vous en réalisant qu'elle a été enivrée uniquement pour être amenée au lit.

Alors, comment amener rapidement une femme au lit ? La réponse, en fait, est simple : vous devez créer du Rapport (connexion émotionnelle) et une tension sexuelle avec elle. Je vais maintenant expliquer chacun de ces concepts, car ils sont fondamentaux pour parcourir les étapes de la séduction et amener les femmes dans votre lit.

RAPPORT

Le Rapport, également connu sous le nom de phase de "confort" dans le jeu, est lorsque vous créez une "connexion émotionnelle" avec la femme par le biais de conversations, d'échange d'histoires de vie, de partage de goûts et d'autres choses en commun. L'objectif du Rapport est d'établir une connexion forte en peu de temps. Tout joueur comprend l'importance de cela et travaille pour atteindre cette connexion émotionnelle rapidement, car sans elle, aucune femme ne sera disposée à coucher avec vous.

Cependant, il est important de ne pas confondre le Rapport avec le "temps". Vous pouvez créer cette connexion émotionnelle avec une femme rapidement et coucher avec elle le même soir où vous la rencontrez, en fonction de votre jeu. Que vous soyez un joueur direct ou indirect, le temps nécessaire pour que le sexe se produise dépendra de la rapidité avec laquelle vous établissez cette "connexion", ainsi que de l'augmentation de la tension sexuelle, que je discuterai plus loin.

Pour comprendre la logique de ce processus, supposons que vous ayez ouvert un groupe de trois personnes dans un bar un samedi soir. Vous utilisez un ouvreur quelconque et êtes accepté par le groupe. Vous jouez bien et parvenez à isoler votre cible, et ensuite le baiser se produit. Vous restez ensemble au bar, notez son numéro de téléphone et vous dites au revoir. Cependant, si vous remarquez que la fille est du genre "de nuit" et sexuellement ouverte, vous pouvez l'inciter à coucher avec vous le même soir. Cela dépendra principalement du Rapport et de la tension sexuelle que vous établirez avec elle.

Supposons maintenant que vous n'avez pas pu la ramener dans votre lit le jour où vous l'avez rencontrée. Les choses se déroulent naturellement et vous planifiez un deuxième rendez-vous. Maintenant, la prochaine étape est de s'assurer que ce deuxième rendez-vous a lieu. Cela peut sembler facile, mais ce n'est pas toujours aussi simple.

Pour atteindre votre objectif, vous devez établir un fort Rapport avec la fille, en utilisant le téléphone et les réseaux sociaux pour communiquer. Le Rapport est crucial, car sans lui, elle ne voudra pas vous rencontrer et le deuxième rendez-vous n'aura pas lieu.

Comment créez-vous du Rapport avec elle ? Le secret est de parler comme si vous vous connaissiez depuis des années ! Lorsque vous l'appelez, parlez comme si vous étiez des personnes très intimes (la pratique vous rendra maître en la matière). Racontez quelque chose de drôle qui vous est arrivé la veille et plaisantez avec elle au téléphone.

Pendant la conversation, souriez au téléphone et commentez à quel point il est "étrange" de sentir que vous vous connaissez depuis longtemps. Créez un air de mystère. Partagez des choses personnelles sur vous, et naturellement, elle fera de même en parlant de sa famille, de son travail, de ses amis, de l'université, etc. Cela créera une connexion et la fera vous faire confiance.

Vous devez communiquer avec elle de manière différente, intéressante et amusante. Vous voulez l'entendre dire des choses comme :

FILLE — Wow, c'est étrange... Je me sens tellement bien en parlant avec toi. On dirait qu'on se connaît depuis longtemps... J'adore discuter avec toi !

TENSION SEXUELLE

Maintenant que vous avez compris l'importance du Rapport sur le chemin du sexe, il est temps d'investir dans la "artillerie lourde" et d'augmenter significativement la "tension sexuelle". La tension sexuelle est un phénomène physique et psychologique qui se produit lorsque deux personnes interagissent et que l'une ou l'autre ressent du désir, mais la consommation ne se produit pas toujours en raison de divers facteurs tels que la peur, l'embarras et la préoccupation quant à la répercussion sociale.

Il s'agit d'une réaction chimique générée par des hormones dans notre corps, pouvant entraîner des frissons, un souffle court, des palpitations et surtout des désirs sexuels. C'est un moment qui précède souvent le sexe. Si quelqu'un est capable de générer une tension sexuelle dans une interaction homme-femme, il est probable que ces deux personnes finissent par coucher ensemble.

Beaucoup d'hommes, en interagissant avec des femmes, se contentent du stade du baiser après le premier rendez-vous et perdent ainsi des opportunités. Et pourquoi cela arrive-t-il ? Parce qu'ils ne créent pas cette tension sexuelle, n'agissent pas en hommes dominants et sexuels. Ils ne font pas en sorte que les femmes se sentent désirées et sexuelles.

Alors, comment résoudre cela ? Il existe plusieurs façons de créer et d'intensifier la tension sexuelle entre vous et la femme. Fondamentalement, le processus implique d'intensifier le Rapport et d'augmenter la tension, de sorte que le sexe devienne inévitable. Je vais expliquer comment faire cela.

Imaginez que vous ayez réussi à organiser un rendez-vous avec cette incroyable fille de l'exemple précédent. Cette fois, vous devrez maintenir votre confiance et votre dominance - n'oubliez jamais que vous êtes la récompense, pas elle. C'est lors de ce deuxième rendez-vous que vous devez intensifier la connexion émotionnelle avec elle. L'escalade physique, connue sous le nom de kino, est fondamentale pour augmenter la tension entre vous - touchez les mains, les bras, le dos, les cheveux, etc.

Souriez pendant que vous parlez avec elle, de manière à ce qu'elle reflète votre expression faciale. Cela crée une connexion et de l'empathie. Asseyez-vous à côté d'elle au bar et, comme vous avez déjà du rapport, commencez à caresser ses cheveux, augmentant l'intimité. Embrassez-la, embrassez beaucoup ! Entrelacez vos doigts et jouez, en disant que votre main est plus grande que la sienne. Embrassez son visage, puis sentez doucement son cou, provoquant des frissons jusqu'à ce qu'elle fasse des commentaires du genre : "Regarde l'effet que tu as sur moi" - faisant référence aux frissons inévitables. De temps en temps, de manière décontractée, passez votre main dans ses cheveux et faites quelques tiraillements légers à l'arrière, comme si vous faisiez une blague coquine.

Parlez lentement à son oreille et dites-lui à quel point vous la trouvez incroyable. Placez votre main sur sa cuisse, comme si c'était la chose la plus naturelle du monde - c'est extrêmement important, car cela augmente la tension sexuelle. Laissez votre main là pendant un certain temps, jusqu'à ce qu'elle s'habitue au toucher, comme s'il s'agissait d'un kino permanent. Ensuite, donnez quelques légères pressions sur la cuisse, puis arrêtez de presser. Répétez cela plusieurs fois au cours de la soirée jusqu'à ce qu'elle ne ressente plus aucun inconfort avec vos touches.

Appliquez les techniques de subcommunication, telles que regarder sa bouche pendant les conversations et les baisers, esquisser ces sourires coquins et faire des expressions faciales suggestives pour le plaisir. Les subcommunications sont des gestes et des actions subtils que la personne perçoit sans avoir besoin d'explication. Le joueur signale à la femme qu'il veut l'embrasser lorsqu'il mord ses propres lèvres ou la fixe du regard. C'est une forme de communication non verbale qui, avec de la pratique, vous rendra expert. Je recommande la lecture du livre "The Natural Art of Seduction" de Richard LaRuina pour en savoir plus sur les subcommunications sexuelles dans le jeu.

Autre chose importante : parlez de sexe avec elle ! Faites-le de manière naturelle et ludique, comme dire qu'elle semble être quelqu'un qui "enlève les hommes et les torture au lit" - toujours avec un ton amusant. Complimentez-la en disant qu'elle est très sexy avec cette robe et commentez la manière provocante dont elle vous regarde. Tout au long de la conversation, maintenez la "tension sexuelle" présente, que ce soit par des mots, des contacts ou des gestes. Si vous avez suivi correctement jusqu'ici, elle sera excitée et voudra coucher avec vous.

Lorsque vous constatez que les baisers deviennent plus intenses, que l'atmosphère est chaude et qu'elle soupire d'excitation, intensifiez le kino sexuel et les baisers. Embrassez son oreille et son cou, caressez ses fesses et massez ses épaules. Lorsque vous sentez que le moment est venu, réglez l'addition et emmenez-la dans un endroit où vous pourrez vous abandonner librement au sexe - que ce soit chez vous, chez elle ou dans un motel. Avoir une voiture facilitera la logistique, mais si vous n'en avez pas, organisez un moyen d'atteindre l'endroit sans donner une mauvaise impression.

Sur le lieu de la séduction, faites tout avec maestria ! Un mauvais acte sexuel est le pire scénario quand une femme sort avec un homme, et les chances de le revoir seront minces si cela se produit.

Il est important de souligner que le sexe peut ou non se produire lors du deuxième rendez-vous. Cela dépendra de la manière dont vous avez construit le rapport et de la réaction de la femme à vos avances sexuelles, augmentant ainsi la tension sexuelle. Le joueur doit faire preuve de discernement et de calibration.

Certaines femmes peuvent être prêtes à coucher dès le premier rendez-vous, tandis que d'autres peuvent prendre plus de temps pour établir une connexion solide avant de se sentir en sécurité. Cela varie considérablement. Cependant, si la femme est déjà sexuellement active et que vous suivez les stratégies de ce chapitre, vous aurez de grandes chances de coucher avec elle dès le deuxième rendez-vous, voire même dès le premier.

Il n'est pas conseillé d'abandonner tout si la femme n'est pas prête à coucher dès le premier rendez-vous. Il est important de rester calme et patient, car agir précipitamment peut vous faire perdre l'opportunité avec la femme. Au lieu de cela, il est nécessaire de travailler le rapport et la tension sexuelle pour créer un environnement propice où elle se sent à l'aise de s'engager sexuellement.

Le rapport et la tension sexuelle sont des facteurs indispensables pour établir une connexion intime avec les femmes rapidement. Il est essentiel de développer ces compétences dans toutes vos approches pour vivre des expériences sexuelles au-delà de ce que vous avez déjà imaginé.

TECHNIQUE DE LA VOIX DE COMMANDE

Maintenant, je vais vous présenter une technique très intéressante et efficace appelée la "Technique de la Voix de Commande", qui peut influencer les femmes à faire ce que vous désirez, y compris vos commandes sexuelles, comme aller au lit avec vous. Dans le monde de la séduction, diverses méthodes et techniques sont utilisées pour atteindre les résultats souhaités, chacun ayant son nom et son objectif spécifique, et chaque "technique" a des effets différents sur les femmes.

Par exemple, la technique du Push & Pull vise à susciter la curiosité des femmes en alternant entre manifester de l'intérêt et du désintérêt, faire des compliments puis émettre une réserve, entre autres. Cette Technique de la Voix de Commande qui vous sera présentée ci-après, tout comme le C&F, le Push & Pull, le Neg, entre autres, a été testée et prouvée sur le terrain au fil des années comme une technique efficace. Si vous savez comment l'utiliser, vous aurez beaucoup de succès avec les femmes.

Mais en quoi consiste cette technique ? La technique repose sur l'utilisation du "mode impératif" de la langue portugaise, qui est utilisé pour exprimer des ordres, des décisions, des orientations ou des conseils aux femmes, de manière non autoritaire, mais qui reste une forme d'imposition. C'est une manière d'influencer quelqu'un ou une situation. Le mode impératif peut être affirmatif, avec des ordres positifs, ou négatif, avec des ordres négatifs. Cependant, dans le jeu, il est toujours recommandé d'utiliser le mode impératif affirmatif.

Cette technique consiste essentiellement à utiliser la confiance et l'humour pour "donner des ordres" aux femmes. Après avoir établi le rapport et le kino lors de l'interaction avec les femmes et avoir été accepté dans le groupe, vous commencez à prendre des décisions et à les imposer de manière confiante et amusante, de manière à ne pas paraître autoritaire, mais plutôt fiable et amusant.

Par exemple, imaginez que vous interagissez avec un groupe de femmes. Après avoir créé une connexion avec votre cible et intensifié le kino, vous l'isolez de son amie et commencez à vous impliquer intensément avec elle. Ensuite, vous revenez vers l'amie et vous vous asseyez ensemble à la table, discutant et vous amusant. Soudain, votre partenaire de jeu arrive au groupe et commence à interagir avec tout le monde, y compris l'amie de votre cible. Il montre de l'intérêt pour elle et tout le monde s'amuse ensemble.

Dans cette situation, vous pouvez utiliser la Technique de la Voix de Commande de la manière suivante : au milieu de l'interaction, vous augmentez le ton de votre voix et dites avec confiance et un sourire au visage :

JEU — D'accord, les filles, c'est décidé ! Nous quatre allons chez mon ami... Nous allons acheter quelques boissons et faire une after-party. Et vous serez responsables des apéritifs !

Il est important de transmettre de la confiance en parlant et de maintenir une posture confiante, en plus de maintenir le contact visuel. Si vous hésitez en parlant ou montrez de l'insécurité, les femmes le remarqueront. Cependant, si vous utilisez la Technique de la Voix de Commande avec confiance et naturel, les chances qu'elles acceptent et suivent vos "ordres" augmentent.

Il est important de souligner que la réponse finale dépend toujours de leur volonté, mais en appliquant cette technique avec confiance, vous établirez une norme assertive et dicterez les règles du jeu. Cependant, il est crucial d'appliquer cette technique avec assurance, sans chercher d'approbation par le contact visuel, car la confiance est essentielle pour le succès de la technique.

Ainsi, la Technique de la Voix de Commande peut être un outil efficace pour influencer les femmes à suivre vos suggestions et décisions, y compris aller au lit avec vous. Utilisez-la avec confiance, de manière décontractée, et vous augmenterez vos chances de succès avec les femmes.

Si vous lâchez cette pierre dans la rivière avec la même naturalité que respirer, sans interrompre le flux de ce que vous faisiez, tout sonnera comme faisant partie du cours normal des choses. Et c'est exactement ainsi qu'elles réagiront - en fonction de la manière dont vous vous exprimez. Si vous parlez naturellement, avec confiance et d'une manière vraiment intéressante, elles accepteront simplement sans poser de questions. Ainsi, elles obéiront à vos "ordres", "impositions" et décisions.

Voici quelques exemples d'utilisation de la voix de commandement :

JOUEUR — D'accord... C'est le moment où nous allons nous embrasser !

JOUEUR — Alors, les filles, nous vous aimons bien et nous allons vous emmener avec nous au bar X.

JOUEUR — D'accord, c'est décidé... Toi et mon ami allez vous donner un fort câlin maintenant et ensuite vous vous embrasserez !

JOUEUR — Alors, c'est maintenant ton tour de m'apporter une bière ! Ne tarde pas, d'accord ?! [C&F]

JOUEUR — J'ai aimé ça... Tes baisers sont bien chauds. C'est décidé ! Allons chez moi regarder un petit film...

Vous devez utiliser cette technique juste après avoir été accepté dans le groupe et avoir établi un rapport. Dès le début, vous devez montrer que vous êtes un homme dominant et amusant. Cependant, prenez seulement les "décisions" après avoir établi un minimum de rapport avec votre cible et le groupe, afin qu'elle suive vos ordres. Faites tout cela avec une posture confiante, un sourire au visage et une bonne énergie. Utilisez des étreintes (kino) en parlant avec elles et ne laissez place à aucun doute, en créant un rapport et en suivant la ligne de l'attraction, du confort et de la séduction.

En utilisant les techniques décrites dans ce chapitre, vous réussirez à séduire les femmes à une vitesse jamais vue. Vous créerez une connexion émotionnelle, une tension sexuelle et prendrez les initiatives nécessaires avec confiance, rendant le sexe inévitable et laissant peu de chances à l'évasion, car l'attraction sera établie et le désir sexuel mouillera sa petite culotte.

CERCLE SOCIAL

Investisse intensément dans le développement de votre cercle social. S'il existe une connaissance vitale dans ce livre, c'est celle-ci : la clé pour réussir avec les femmes réside dans l'exploitation simultanée de deux ressources fondamentales dans le jeu de la séduction : le cercle social et les approches directes. En orchestrant de manière synergique ces deux mécanismes stratégiques, votre capacité de succès avec les femmes pourrait atteindre des niveaux incroyables.

Le "cercle social" consiste en des groupes de personnes interconnectées socialement. Un cercle social diffère d'une structure hiérarchique, car il peut être décrit selon deux perspectives. La première est la vision individuelle, où un individu sert de lien à un groupe. La seconde est la vision agrégée, qui considère un groupe de personnes interconnectées socialement.

Alors qu'une "structure hiérarchique" englobe toutes les personnes avec lesquelles un individu est en contact et définit une structure de soutien qui accorde ou retire du pouvoir à cet individu, un "cercle social" peut avoir des limites bien définies, tous les membres étant en contact les uns avec les autres. Il peut être nécessaire d'avoir un processus d'initiation sociale pour que de nouvelles personnes fassent partie de ce cercle.

Se fier uniquement aux approches directes est un chemin ardu et difficile pour réussir avec les femmes. Les "approches directes" sont les contacts (directs ou indirects) que vous établissez avec des femmes inconnues dans le but de les séduire. Oui, les approches directes sont très importantes (et nécessaires), mais je veux vous montrer qu'au-delà de celles-ci, il existe des méthodes complémentaires pour réussir avec les femmes. C'est ce que je vais vous montrer ensuite.

Dans les chapitres précédents, j'ai montré comment aborder les femmes par le biais d'approches directes (qu'elles soient directes ou indirectes, de jour ou de nuit). Maintenant, je vais vous donner des conseils précieux pour créer un cercle social incroyable qui attirera plus de femmes dans votre vie.

Allons-y !

Possédez un cercle social composé d'amies séduisantes. Avez-vous déjà remarqué comment il est plus facile de conquérir des femmes qui sont vos amies ou celles de vos connaissances ? Il y a une raison à cela : la connexion naturelle qui se produit en raison du lien d'amitié mutuel et du fait qu'elles partagent la même personne en commun. La sensation d'être des connaissances récentes combinée à l'amitié commune crée un confort et une communication plus fluide.

De plus, avoir de nombreuses amies vous pré-sélectionne parmi les autres femmes. Le simple fait d'être accompagné de femmes séduisantes vous confère déjà un statut différencié et suscite la curiosité des autres. Observez attentivement et vous trouverez deux avantages lorsque vous sortez avec certaines de vos amies. Il est assez courant pour les experts en séduction de compter sur des "amies" qui les aident dans le jeu. Dans la communauté de la séduction, ces femmes sont connues sous le nom de "pivots" ou de "Wing Woman" : elles augmentent votre valeur de pré-sélection et établissent instantanément une connexion et une affinité avec les amies qu'elles vous présentent. Cela représente déjà une avancée significative, environ 80 % du chemin naturel parcouru pour séduire l'une des amies de vos amies.

Utilisez vos amies comme intermédiaires entre vous et les autres amies qu'elles ont. Inutile d'avoir un groupe social incroyable de femmes si elles vous voient toutes seulement comme "l'ami sympa" du groupe. Le secret réside dans l'équilibre entre la quantité d'amies et de partenaires potentielles dans votre cercle. Vous devez renoncer à certaines femmes séduisantes pour les avoir uniquement comme amies. Il est important de souligner que les femmes belles ont généralement des amies séduisantes autour d'elles. Par conséquent, utilisez vos amies comme intermédiaires entre vous et les amies qu'elles ont. Cependant, il est crucial que vous sachiez gérer cela, car si vous conquérez toutes les amies de vos amies, vous pourriez vous brûler et la situation pourrait devenir irréversible. Planifiez stratégiquement vos actions au sein du cercle social. La clé est dans la planification !

Ayez des amis qui vous soutiennent, vous valorisent et célèbrent vos succès. Un des problèmes les plus courants lors de la création ou du maintien d'un cercle social solide apportant des résultats avec le sexe opposé (et dans la vie en général) sont les conséquences négatives de certaines erreurs. L'erreur la plus courante est d'être entouré de "faux amis" ou de personnes qui n'apportent rien à votre vie, au contraire : elles vous dépriment, se moquent de vous et ressentent de l'envie quand vous réussissez. Nous avons tous des amis de longue date, mais nous persistons à entretenir des relations avec des personnes qui nous nuisent et nous blessent.

Alors, quelle est votre préférence ? Prendre ses distances avec des personnes qui se disent "amies" depuis des années, mais qui dégradent constamment votre image et vous rabaissent, ou rencontrer et se lier d'amitié avec des personnes qui en valent vraiment la peine ? Je suis sûr que la deuxième option est la meilleure pour vous. Pensez-y : ne vous entourez plus de personnes toxiques. Entourez-vous de personnes positives qui vous propulsent, renforcent votre estime de soi, vous soutiennent et célèbrent vos succès avec le monde et avec les femmes. Mieux encore, parlez de séduction avec vos meilleurs amis et évoluez ensemble - comme mentionné précédemment, c'est extrêmement important.

Organisez des fêtes et des événements, et demandez à vos amies d'inviter d'autres femmes. C'est une excellente stratégie pour élargir votre cercle social et interagir avec d'autres femmes. Comme mentionné précédemment, le simple fait que vous connaissiez et socialisiez avec des femmes séduisantes attire déjà d'autres femmes. Elles peuvent détecter les hommes socialement intelligents à distance, créant ainsi un sentiment de valeur et de pré-sélection. Dans les universités, l'utilisation du cercle social est fortement recommandée. Si vous voulez savoir comment créer un cercle social incroyable et conquérir de nombreuses filles dans votre université, lisez le livre "Conquer Your Campus" de Mark Redman. C'est une œuvre sensationnelle sur le "Cercle Social" et comment sortir et interagir avec les femmes les plus séduisantes de votre université.

Soyez le leader de votre groupe social. Il est crucial d'assumer cette position de leadership de manière indirecte, sans être dominateur ni entrer en conflit avec les autres amis. Agissez comme le leader naturel du groupe, prenez des décisions, organisez des fêtes, montrez de la confiance, soyez amusant et agréable, et soyez quelqu'un que tout le monde aime avoir autour. La combinaison de ces caractéristiques fera de vous la personne la plus sociable de votre ville.

RELATIONS À LONG TERME

Peu importe à quel point vous devenez habile dans l'art de la séduction, à un moment donné, nous aspirons tous à construire une relation sérieuse et durable avec une femme. Cette quête de connexion et d'intimité est inhérente à la nature humaine, et même les plus grands séducteurs finissent par désirer un partenariat monogamique à un moment de leur vie.

Il est vrai que certaines personnes choisissent de ne pas se marier, mais cela se produit généralement en raison de circonstances ou de choix personnels. Au fond, elles aspirent également à cette connexion, mais elles ont peut-être trouvé d'autres chemins vers le bonheur. Il n'y a pas de formule unique pour le bon moment de s'engager. Chaque individu a son propre parcours et ses propres expériences qui le conduisent à rechercher une relation sérieuse.

Il est essentiel de comprendre que personne ne peut rester indéfiniment dans le jeu de la séduction sans que cela n'affecte sa véritable bonheur. Il arrive un moment où des facteurs tels que l'âge, la fatigue physique et la recherche d'un but plus profond dans la vie commencent à peser. Beaucoup entrent dans le jeu en cherchant la capacité de conquérir la personne de leurs rêves, mais pas dans le but de rester dans le jeu pour toujours. Il est important de réfléchir à quel est votre véritable objectif, car les possibilités vont au-delà des conquêtes amoureuses et peuvent s'étendre à d'autres domaines de votre vie, comme la carrière et la famille.

Avant de nous engager dans une relation sérieuse, nous passons tous par des expériences d'engagement avec des personnes pour lesquelles nous ressentons une attraction et une affinité. Ce processus implique généralement de connaître la personne, de la conquérir mutuellement, de sortir ensemble, de se fiancer et éventuellement de se marier. Bien que l'ordre et la forme de ces étapes puissent varier en fonction de la législation civile du pays et des préférences individuelles, la base pour construire une relation sérieuse reste la même.

Explorons maintenant comment se comporter et agir dans une relation sérieuse avec une femme !

Maintenez la posture. Souvent, les hommes ont tendance à se complaire et à changer leur personnalité au fil du temps dans une relation. Cependant, il est important de maintenir votre véritable essence. Il ne sert à rien d'avoir montré être un leader confiant et séducteur au début de la relation pour devenir ensuite incertain et jaloux, agissant de manière "beta". La congruence est essentielle. Restez fidèle à votre "frame" d'un homme Alpha tout au long de la relation, car tout écart peut entraîner la perte de votre pouvoir d'attraction. Soyez toujours le Mâle Alpha qu'elle a rencontré et dont elle est tombée amoureuse.

Assumez la relation. Une relation saine avec une femme que vous aimez vraiment nécessite engagement et dévouement. En entrant dans une relation, vous quittez le jeu de la séduction, mais cela ne signifie pas abandonner votre identité en tant que PUA. Cependant, il est important de comprendre que vous ne pouvez pas mener une vie de célibataire tout en étant dans une relation engagée. Valorisez la personne à vos côtés et soyez fidèle. Tromper sa confiance est une trahison de caractère et peut ruiner la relation. La communauté de séduction fait face à des défis à cet égard, mais valoriser et respecter ceux qui nous aiment est la bonne voie lorsque nous sommes dans une relation sérieuse avec quelqu'un de spécial.

N'oubliez pas que l'amour et la connexion sont des parties fondamentales du voyage humain, et trouver une relation durable et significative peut apporter un profond sentiment de bonheur et de plénitude. N'ayez pas peur de rechercher cette connexion lorsque le moment sera venu.

Effectuez votre travail. Si vous souhaitez que votre relation reste solide, amusante et heureuse, vous devez continuer à faire votre part. J'appelle cela "travail", ce sont toutes ces choses que les petits amis et les maris font pour faire plaisir aux femmes. Il est important d'être attentionné envers votre petite amie ou votre femme. Il est courant que, au début de la relation, la plupart des hommes envoient des fleurs, des lettres, des cadeaux et d'autres manifestations d'affection. Cependant, beaucoup arrêtent de faire ces choses au fil du temps, laissant cette tâche de côté comme quelque chose de fastidieux. Je ne suggère pas que vous fassiez cela tous les jours ou toutes les semaines, mais il est important de continuer à montrer votre appréciation : montrez que vous l'aimez, faites des cadeaux, faites de petites surprises pour la ravir de temps en temps. Mais faites tout cela sans agir comme un soumis, évitez de vous agenouiller au milieu d'un centre commercial ou d'écrire une lettre interminable disant "je t'aime" des milliers de fois. Le romantisme a ses limites, les dépasser c'est être idiot. Faites simplement votre part pour maintenir la relation vivante et passionnante.

Soutenez-la. Certains hommes sont extrêmement jaloux et ne soutiennent pas les désirs de leurs petites amies ou épouses, nourris par leur propre insécurité. Quel est le problème si votre petite amie veut prendre des cours de danse ou de gymnastique ? Qui a dit qu'elle ne pouvait pas avoir du temps pour cultiver sa vie sociale avec ses amies ? Vous devriez la soutenir et ne pas vous opposer à ses projets de vie. Beaucoup de femmes cherchent à faire des études pour leur croissance professionnelle et beaucoup de gars ne les soutiennent pas, craignant que l'université soit un terrain propice à la trahison ou quelque chose du genre. Croyez en vous-même ! Aller à l'encontre des principes et des projets de vie de quelqu'un ne fera qu'ruiner la relation. Soutenez-la toujours et montrez de l'intérêt pour ce qu'elle aime faire. En soutenant votre partenaire dans sa vie et ses projets, elle sera heureuse de vous avoir à ses côtés et vous le rendra de la même manière pour vos projets.

Ayez votre propre vie. Comme mentionné précédemment, vous devez avoir une vie et la relation ne doit pas vous en empêcher. Oui, vous devez la soutenir, mais elle doit aussi comprendre et vous soutenir. Le bonheur dans une relation est partagé, pas acheté. Ne dépendez de personne pour être heureux, vous devez être heureux par vous-même. Vous devrez peut-être faire quelques ajustements, mais ne cessez pas de vivre votre vie à cause de votre petite amie. Conservez vos amitiés. Peut-être les avez-vous négligées pendant un certain temps, surtout au début de la relation, mais une fois la relation solide, reprenez contact avec vos amis et maintenez-les présents dans votre vie. Ils sont importants.

Soyez aussi un ami pour elle. En plus d'être petit ami, soyez un véritable ami pour elle, c'est très important. Savoir l'écouter est crucial dans les moments où elle a besoin de quelqu'un. Je ne dis pas que vous devez résoudre tous ses problèmes, mais écoutez quand elle en a besoin et soyez compréhensif quand c'est nécessaire. Une relation sérieuse est aussi une amitié. Écoutez attentivement ce qu'elle a à dire et aidez-la ! Lorsqu'il n'est pas possible de l'aider, montrez-lui le chemin de la solution du problème, en l'assistant jusqu'à ce qu'elle trouve la solution.

Maintenez une vie sexuelle active. Cela peut sembler évident, mais ce n'est pas le cas. Au début, le sexe se produit fréquemment et intensément, mais avec le temps, les choses peuvent changer et le sexe devient quelque chose de sporadique. Ne permettez pas que cela se produise, ayez toujours des relations sexuelles. En plus d'être extrêmement sain, vous ne donnerez jamais de raisons de vous plaindre. Ne laissez pas le désir diminuer. Maintenir la flamme dépend de vos choix, pas seulement de vos sentiments. Essayez de nouvelles choses au lit pour éviter de tomber dans la routine et maintenez une vie sexuelle intense. Le sexe est l'essence d'une relation, alors couchez toujours avec votre petite amie ou votre femme. Après tout, théoriquement, c'est ce que tout homme souhaite : faire l'amour ou avoir des relations sexuelles, selon les préférences.

GLOSSAIRE

Le monde du jeu de séduction a sa propre langue, développée au fil des ans par la communauté internationale des artistes de la drague, connus sous le nom de Pickup Artists (PUA), artistes de la séduction, artistes vénusiens ou joueurs. Si vous ne comprenez pas ces concepts, vous vous retrouverez inévitablement perdu au milieu de mots ou termes étranges et inconnus. Pour éviter cela, je présente ci-dessous un glossaire avec les définitions des principaux termes, afin que vous puissiez vous familiariser avec le vocabulaire de la communauté de séduction.

Ouvrir - Aborder un groupe ou ensemble de personnes, de manière directe ou indirecte, en lançant le processus de séduction.

Cible - La femme pour laquelle le joueur est intéressé, qu'elle soit seule ou accompagnée. C'est la femme qui suscite son intérêt.

AMOG - Signifie "Mâle Alpha du Groupe". Il fait référence à l'individu présent dans le groupe que vous abordez et qui pourrait initialement essayer de perturber vos avances envers la cible. La règle de base est de se lier d'amitié avec les AMOGs d'abord, afin qu'ils vous acceptent et vous aident à conquérir la cible.

Ancrage - Processus de Programmation NeuroLinguistique (PNL) qui associe automatiquement une réaction interne à un stimulus externe.

Anxiété d'Approche (AA) - Tension interne ou peur que de nombreux hommes ressentent juste avant d'aborder une femme. C'est cette sensation de "froid dans le ventre" ou "voix dans la tête" qui vous dit de ne pas aborder, car vous pourriez être rejeté.

Attraction - Sentiment de désir sexuel pour quelqu'un.

Beta - Dans la communauté de séduction, représente l'homme conventionnel qui suit les croyances imposées par la société. L'homme beta possède des caractéristiques opposées à l'homme "alpha". Il est nécessiteux, trop sérieux, non dominant, non présélectionné, non leader et n'a pas de succès avec les femmes.

Langage corporel - La façon dont le corps se déplace et s'exprime. Ce que votre corps communique à travers la posture, la parole, la démarche et les gestes en général.

Chasser - Action de sortir pour trouver et séduire des femmes.

Calibration - Interpréter les réactions verbales et non verbales de la cible et ajuster votre interaction ou séduction en fonction de la situation. Parfois, il est nécessaire d'être plus direct, d'autres fois, plus indirect.

Close - Fermeture du jeu, que ce soit avec un baiser (Kiss Close), l'obtention du numéro de téléphone (Phone Close) ou des relations sexuelles (Fuck Close).

Cocky & Funny (C&F) – Signifie "drôle et arrogant". Technique qui combine "arrogance" et humour de manière amusante, dans le but d'augmenter l'attraction des femmes pour vous.

Day Game - Séduction pendant la journée, généralement dans des endroits tels que des centres commerciaux, des rues, des places, des bars, des foires, des salles de sport, des transports en commun, entre autres.

Day2 - Deuxième rendez-vous avec la femme, moment où il y a une plus grande probabilité d'intimité sexuelle.

Défense Anti-Pute - Attitude adoptée par la femme pour éviter d'être considérée comme vulgaire ou trop facile. Si cela se produit, elle se repliera sur elle-même et fera tout son possible pour éviter que vous ne réussissiez.

Direct Game – Traduit comme "jeu direct". Dans ce type d'approche, vous vous approchez directement de la cible et exprimez votre intérêt sexuel de manière immédiate, que ce soit par des mots ou des comportements.

Démonstration de Valeur Supérieure (DVS) - Technique de séduction consistant à démontrer indirectement aux femmes des qualités masculines universellement attractives, telles que la pré-sélection, le leadership, la protection et l'émotion. Selon la théorie, la "valeur" est le principal facteur d'attraction pour les femmes, et si vous parvenez à la démontrer, elles se sentiront attirées par vous.

Livraison - C'est la manière dont vous communiquez ou exécutez une routine ou un matériel particulier. Les statistiques montrent que seulement 7 % de la communication passe par les mots, tandis que 23 % passe par le ton de la voix et un impressionnant 80 % passe par le langage corporel. La "livraison parfaite" consiste à avoir une combinaison idéale de ces trois composants dans leur meilleure forme.

Conclure - Fermer est l'acte de conclure une étape du jeu de séduction. Le joueur peut fermer le jeu en obtenant le numéro de téléphone de la fille, en l'embrassant ou en ayant des relations sexuelles avec elle.

Field - Ce sont les différents endroits où le jeu peut être pratiqué. Cela peut être un bar, une boîte de nuit, un centre commercial, une rue animée, des moyens de transport publics - n'importe quel endroit où l'on peut rencontrer des femmes séduisantes.

Fluffy Talk - Conversation commune, normale et naturelle, sans utiliser d'artifice ou de matériel préparé.

Frame - C'est l'état mental ou la subcommunication qui établit qui est la personne dominante ou importante dans l'interaction ou la relation. C'est la première impression que les gens ont de vous, et les premières 30 secondes définissent généralement l'image que les femmes auront de vous.

Friend Zone - Traduit comme "zone d'amitié". Terme qui décrit la situation où une femme nie tout intérêt romantique pour vous et affirme que vous n'êtes que des amis. C'est essentiellement être placé dans la zone de l'amitié.

Fuck Close (FC) - Fermeture du jeu par le sexe.

Accroche - Mots ou informations de l'environnement qui servent à rappeler une histoire ou un sujet. Peut être utilisé en cours de conversation pour introduire une routine ou du matériel, susciter la curiosité des femmes et maintenir leur attention.

Hot Babe (HB) - Terme utilisé pour désigner des femmes extrêmement attirantes, cibles du joueur. Dans la communauté de séduction, elles sont classées sur une échelle de 1 à 10, 10 étant la plus belle.

Hookar - Le groupe est "hooké" lorsque vous êtes bien accueilli et accepté dans le groupe, sans aucune barrière. C'est le moment où vous êtes accepté et où les gens ne veulent plus que vous partiez.

IDI - Abréviation pour "indicateurs d'intérêt". Ce sont des signaux émis par la femme montrant qu'elle commence à s'intéresser et à être attirée par vous. Les exemples incluent jouer avec les cheveux, vous toucher, regarder fréquemment vers vous, relancer la conversation, entre autres indicateurs.

Indirect Game – Traduit comme "jeu indirect". Style de jeu où l'on ne montre pas immédiatement d'intérêt pendant l'approche et la phase d'attraction. Dans le jeu indirect, vous ouvrez des groupes de manière subtile, en utilisant généralement un ouvre-boîte d'opinion ou situationnel, jusqu'à faire la transition et être accepté par le groupe.

Isoler - Amener temporairement la femme (votre cible) dans un endroit éloigné de ses amis, mais où ils peuvent toujours la voir ou être conscients de sa présence.

Kino - "Kino" vient de "kinesthésie", qui est liée aux sensations et au toucher. Kino signifie toucher la femme. Sans toucher la femme, vous n'obtiendrez pas de résultats. L'escalade du kino est utilisée par tous les joueurs, quel que soit leur style de jeu.

Kiss Close (KC) - Fermeture du jeu où le joueur obtient un baiser intime de la femme.

Mâle Alpha - Dans la séduction, le Mâle Alpha est l'homme qui possède des attributs extrêmement attirants pour les femmes. Pour devenir un joueur, il faut d'abord devenir un Mâle Alpha. La confiance, la dominance, le leadership et l'estime de soi sont des exemples de caractéristiques d'un Mâle Alpha.

MPUA - Abréviation de "Master Pickup Artist" ou "Maître de la Séduction".

Neg - Technique classique de Mystery, le Neg est une phrase subtile ou un commentaire amusant visant à abaisser la garde ou l'estime de soi, en particulier des femmes très belles. Cela génère de l'attraction, et le Neg doit être utilisé de manière amusante, la laissant légèrement gênée ou dans une situation embarrassante, mais de manière subtile et naturelle.

Night Game – Traduit comme "jeu nocturne". C'est la pratique du jeu pendant la nuit, généralement dans les discothèques, boîtes de nuit, concerts, bars et pubs.

Obstacle - Ce sont les autres personnes présentes dans le groupe où se trouve votre cible. Ces personnes peuvent être des hommes et des femmes. La règle fondamentale est de conquérir les obstacles d'abord, pour qu'ils vous acceptent et vous aident à conquérir votre cible.

Opener - Une phrase, un geste ou un mot utilisé pour commencer le jeu dans un groupe. Les openers les plus populaires sont les "d'opinion" (popularisés par Style) et les "situatifs" - des questions ou des commentaires sur la fête, l'environnement, etc. Les openers sont également connus sous le nom de "brise-glace".

Pickup Artist (PUA) - Le terme a été inventé aux États-Unis et est utilisé dans la communauté de séduction pour décrire un homme qui possède ou s'efforce d'avoir des compétences pour rencontrer, attirer et séduire des femmes. Il est également connu sous le nom d'"artiste de la séduction", "artiste vénusien" ou simplement joueur.

False Time Constraint - Traduit comme "fausse indication de temps" ou "fausse contrainte de temps". C'est la technique de créer l'illusion que vous partez bientôt, afin que le groupe ne se mette pas sur la défensive et vous accepte plus facilement.

Phone Close (PC) - Fermeture du jeu en obtenant le numéro de téléphone de la fille.

Plow - C'est l'idée de continuer à avancer dans le jeu, même si la femme ne réagit pas positivement à votre approche initiale. Vous continuez simplement, comme si votre approche avait été bien accueillie, et vous poursuivez votre jeu.

Pré-sélection - C'est la caractéristique considérée universellement attirante par les femmes. C'est quand un homme montre, de manière directe ou indirecte, qu'il est courtisé, possède ou est accompagné de femmes séduisantes. En d'autres termes, c'est la démonstration que l'homme est désiré par d'autres femmes, suscitant une jalousie instinctive chez les autres femmes.

Push & Pull - Traduit comme "pousser et tirer". C'est une technique de Swinggcat qui consiste à osciller entre montrer de l'intérêt et, immédiatement après, montrer du désintérêt. Cela crée une sensation d'imprévisibilité et d'incertitude chez la femme, la poussant à s'intéresser à vous et à rechercher votre approbation.

Qualification - C'est une inversion des rôles où c'est la femme qui tente de conquérir le joueur, et non l'inverse. Elle commence à énumérer des qualités pour gagner son approbation et montrer de l'intérêt pour vous.

Rapport - C'est la phase de séduction où vous créez une "connexion émotionnelle" avec la femme, également connue sous le nom de phase de "confort". Cela se fait par l'échange d'histoires, d'intérêts et d'autres artifices, créant la sensation que vous vous ressemblez et vous connaissez depuis plus longtemps que dans la réalité.

Routine - Ce sont des sujets ou des phrases "pré-prêtes" utilisés dans le jeu pour susciter l'attraction chez les femmes. Ils sont utilisés de manière répétée jusqu'à ce qu'ils soient considérés comme utiles par la communauté de séduction. La communauté est pleine de routines, et il appartient au joueur de décider laquelle lui convient le mieux et à sa vie.

Dernière Minute Resistance - C'est le moment qui précède le sexe, où de nombreuses femmes hésitent ou tentent d'empêcher que le sexe se produise par culpabilité ou d'autres sentiments.

Sarge - Terme créé par Ross Jeffries qui signifie "sortir sur le terrain" et pratiquer le jeu. Représente la pratique effective du jeu.

Set - Un groupe de femmes ou un groupe mixte (hommes et femmes). Un 2-Set est composé de deux personnes, un 3-Set de trois personnes, et ainsi de suite.

Shit Test - Ce sont les divers "tests" (réponses ou questions) que les femmes font pour tester si le joueur est congruent avec ce qu'il dit et l'image qu'il transmet.

Social Proof – Traduit comme "preuve sociale". C'est la confirmation de votre sociabilité. Vous devenez le gars le plus populaire du lieu (même si ce n'est pas initialement le cas) et interagissez avec de nombreuses personnes, devenant agréable à fréquenter. Vous êtes vu comme une personne sociable, charismatique, agréable et qui connaît et parle à tout le monde, suscitant l'attraction chez les femmes.

Stack List - C'est une liste de routines et de points clés que le PUA (praticien du jeu indirect) prépare et mémorise avant de sortir pour la pratique.

Ugly Girl (UG) - Signifie femme laide ou sans attrait extérieur.

Vibe - Fait référence à l'état d'esprit des personnes. Une vibe positive est caractérisée par la confiance, la joie et le plaisir (énergie positive), tandis qu'une vibe négative est caractérisée par la tristesse, la dépression ou la gravité excessive (énergie négative).

Ordre Vocal - C'est la technique d'utiliser le mode impératif de la langue portugaise pour donner des ordres, des décisions, des orientations ou des conseils aux femmes. C'est une imposition subtile, mais confiante et amusante.

Wingman - C'est le "partenaire de jeu" qui sort pour pratiquer le jeu avec vous et séduire des femmes ensemble. Cela peut être un ami naturel (qui n'utilise pas de techniques de séduction), tant qu'il est décontracté et a du succès avec les femmes.

"Qu'est-ce que le baiser ? N'est-ce pas le désir ardent

d'aspirer une partie de l'être aimé ?"

(Giacomo Casanova)

ANNÉE
2023
FORMAT
14,8 x 21 cm - A5
TYPOLOGIE
Baskerville Old Face 12
PAPIER
Offset 75 g/m², 1x1
FINITION
Brochure avec rabat
CORPS
Noir et blanc, cahier cousu et collé
NOMBRE DE PAGES
271
COUVERTURE
Papier couché 300 g/m² 4x0, laminage mat
IMPRESSION ET FINITION
Pensática Unipessoal Lda.
Rua Luis António Verney, 154 – São Domingos de Rana – Cascais –
District de Lisbonne
PORTUGAL

LETTRE AU LECTEUR

Cher lecteur, si ce livre vous a été utile de quelque manière que ce soit et vous a aidé à devenir un homme meilleur, je vous invite à le recommander à vos amis, collègues d'université et de travail, ainsi qu'à vos proches. Soyez également un soutien de notre travail et de nos livres en laissant votre commentaire positif sur cette œuvre dans les principales librairies en ligne, telles qu'AMAZON. Votre collaboration à la promotion de ce livre aidera d'autres hommes à réussir dans leur vie et leurs relations.